Peter Becker

Professioneller Verkauf mit erfolgreichen Beziehungen

Peter Becker

Professioneller Verkauf mit erfolgreichen Beziehungen

Kundenbindungsmanagement für Finanzdienstleister

GABLER

Bibliografische Information der Deutschen Nationalbibliothek
Die Deutsche Nationalbibliothek verzeichnet diese Publikation in der
Deutschen Nationalbibliografie; detaillierte bibliografische Daten sind im Internet über
<http://dnb.d-nb.de> abrufbar.

1. Auflage 2011

Alle Rechte vorbehalten
© Gabler Verlag | Springer Fachmedien Wiesbaden GmbH 2011

Lektorat: Guido Notthoff

Gabler Verlag ist eine Marke von Springer Fachmedien.
Springer Fachmedien ist Teil der Fachverlagsgruppe Springer Science+Business Media.
www.gabler.de

Umschlaggestaltung: KünkelLopka Medienentwicklung, Heidelberg
Gedruckt auf säurefreiem und chlorfrei gebleichtem Papier
Printed in Germany

ISBN 978-3-8349-2848-1

Vorwort

Ich schreibe für Sie aus der Praxis für die Praxis. Sie werden und müssen zwar Ihre eigenen Erfahrungen machen, aber keiner muss das Rad neu erfinden.

Dieses Buch beginnt mit einer Sicht aus der Vogelperspektive und zeigt Ihnen die einzelnen Elemente im Vertrieb und die notwendigen Bausteine zum Verkauf von Finanzdienstleistungen. Diese Betrachtung dient der Orientierung darüber, wovon gerade die Rede ist. Den Anspruch auf Vollständigkeit erhebe ich dabei nicht. Ich möchte Ihnen hiermit aufzeigen, dass es eines Gesamtkonzeptes bedarf, um im Verkauf von Finanzdienstleistungen erfolgreich zu sein. Es hängt also immer an mehreren Teilen eines Gesamten, und das Konzept ist so stark wie das schwächste Glied in diesem System. Die einzelnen Elemente in diesem System müssen sinnvoll und harmonisch aufeinander abgestimmt sein.

Danach folgt der Fokus auf den Gesprächspartner. In meiner beruflichen Tätigkeit erlebe ich immer wieder, dass die Verkäufer viel zu viel von sich erzählen. Sie erläutern ausführlich, was sie alles tun können und in welchen Bereichen sie sich auskennen. Oder es werden detailreiche Vorträge und Präsentationen zu einer Vielzahl von Produkten vom Stapel gelassen. Und wozu? Ich bitte Sie darum, sich gerade im Verkauf und in der Beratung an die Bedeutung der Empathie zu erinnern und sich diese Fähigkeit (falls erforderlich) anzueignen. Es ist das Einfühlungsvermögen, es ist die Fähigkeit, die Situation mit den Augen des Kunden zu betrachten, von seinem Standpunkt aus zu denken. Das ist es, was den Unterschied ausmacht. Die Erfolge werden nicht lange auf sich warten lassen. Sie werden nicht zu verhindern sein, denn entsprechende Ergebnisse sind die automatische Folge einer guten Information des Kunden. Verkaufen Sie dem Kunden das, was **ER** möchte. Der Kunde wird es behalten wollen – für Sie stornosicher.

Nun wird der Verkaufs- und Beratungsprozess konkret und chronologisch beschrieben und in Gesprächsleitfäden dargestellt. Angefangen mit der Kontaktaufnahme, dem Terminieren bis hin zur After-Sales Phase. Das Kundenberatungsgespräch in seinen Phasen und Inhalten ist ebenso ein wichtiger Teil in diesem Buch.

„Entspricht es meiner Berufung, im Vertrieb von Finanzdienstleistungen tätig zu sein?", wird sich vielleicht der eine oder andere fragen. Unter dem Stichwort „Selbstmanagement" erhalten Sie möglicherweise eine Antwort auf Ihre Fragen.

Wichtigste Voraussetzung dafür, erfolgreich im Verkauf zu sein, ist für mich die Fähigkeit Beziehungen zu Menschen zu leben. Sicherlich gilt es zu unterscheiden, ob es sich um private, um geschäftliche Beziehungen oder nur um flüchtige Bekanntschaften handelt. Dennoch gibt es ein Modell, mit dem Sie Beziehungen, gleich welcher Natur bewusst und konkret analysieren und gestalten können. Gemeint ist das im Buch beschriebene „BOA-Prinzip".

Zunächst können Sie mit diesem Prinzip private wie geschäftliche Beziehungen nach einfachen Parametern betrachten. Danach planen Sie konkrete Maßnahmen zur Verbesserung der Beziehungen und werden diese mit Ihrem Gegenüber besprechen.

Diese Vorgehensweise ist ganzheitlich, das heißt „Kopf und Bauch" sind gleichermaßen beteiligt. Denken, Fühlen und Handeln sind aufeinander abgestimmt und kongruent.

Mein Leitsatz für den Finanzberater lautet:

Kunden haben heißt Beziehungen haben.

Das bedeutet: Beziehungen gestalten können.

Ich wünsche Ihnen den langfristen Erfolg und Zufriedenheit in Ihrer Tätigkeit.

Peter Becker

Inhaltsverzeichnis

Einleitung

Angenommen, Sie haben Interesse an

a. Kundengewinnung: Kundenkontakte planvoll herstellen, Kundenberatung professionell durchführen
b. Kundenbindung: Kundenbindungsinstrumente einsetzen, After-Sales-Phase gestalten

Dann lesen Sie im Folgenden eine ganzheitliche Betrachtungsweise zum Beratungsverkauf, der als ein auf eine Lösung ausgerichteter Prozess beschrieben wird. Voraussetzung dafür ist eine innere Grundhaltung des Beraters, die eine nachhaltige Beziehung zu seinem Kunden anstrebt. Die Inhalte und die Thematik beschreiben einen ganzheitlichen in der Praxis erprobten systemischen Verkaufs- und Beratungsanasatz. Kundenbeziehungen gestalten, bei denen beide – Berater und Kunde – das Gefühl des Mehrwertes auf der Grundlage einer soliden Vertrauensbasis haben. Sie zu beschreiben ist das Anliegen dieses Buches.

Es ist der Berater gemeint, der Kompetenz im Umgang mit seinen Kunden zeigt. Diese Qualifikationen zeigen sich dadurch, dass er

- das notwendige Wissen durch die Theorie hat,
- das Können durch die Anwendung beweist,
- die soziale Verantwortung im Umgang mit Anderen zeigt,
- und sich mit seiner Persönlichkeit in seine Rolle vereint.

Dieser Berater ist in der Lage seinen Kunden als finanzielle Lebenshilfe so zur Seite zu stehen, so dass die Kunden mit seiner Hilfe für sich Entscheidungen treffen können. Dieser Berater ist flexibel, kann mit Menschen umgehen und ist fachlich am Puls der Zeit.

Wozu ein Konzept?
Ja, wozu eigentlich? Man kann doch eigentlich einfach mal so loslegen und gucken, was passiert, oder? Also ohne Konzept, ohne großartige Vorbereitung, ohne riesigen Plan oder gewaltige Strategie, geht doch auch viel schneller dann, alles andere kostet nur unnötige Zeit, und wer hat die schon? Alles klar, los geht's.

Operative Hektik ist nun angesagt, es wird gleich schon mal angefangen, wir wissen doch, wie es geht, klar doch. Haben wir doch immer so gemacht. Und wenn es daneben geht, dann können wir bestimmt hervorragend argumentieren, dass wir mit dem Ergebnis nichts oder nur bedingt etwas zu tun haben.

Also in jedem Fall sind die anderen schuld oder zumindest mitschuldig. Ja, und wenn keine anderen gerade zur Verfügung stehen, dann sind es eben die Umstände und die Zwänge, die einen nicht anders denken und handeln lassen.

Oftmals ist beim Umgang mit dem schlechten Ergebnis dann auch eine leichte bis mittlere Selbstüberschätzung, einhergehend mit einer bemerkenswerten Selbstzufriedenheit, zu beobachten.

Anders ist es, wenn man in der Lage ist, eine Reflexion kombiniert mit einer inneren Haltung der Selbstkritik durchzuführen. Dann wird man nach anderen Lösungen, nach anderen Alternativen Ausschau halten. Schnell, schnell, schnell hat (fast) noch nie zu guten Ergebnissen geführt. Es ist ja eine Handlung aus dem Reflex heraus, also ohne Beteiligung des Großhirns, welches für bewusstes Denken zuständig ist.

Investieren Sie Zeit in die Vorbereitung, das ist der beste Garant dafür, dass danach die Durchführung schneller oder zumindest zügiger vonstatten geht.

Der Profi arbeitet nach dem Motto:

> „Lieber mehr vordenken, dann braucht man später weniger nachdenken!"

Ein Konzept für die Verkaufspraxis bei Finanzdienstleistungen

Elemente im Konzept

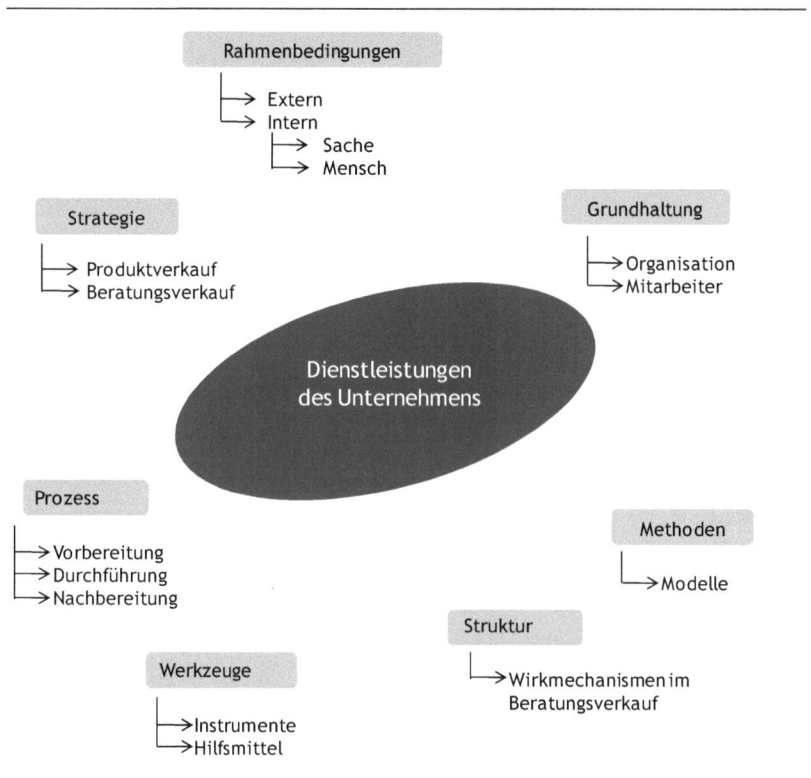

Erläuterung der Elemente

Konzept

Ein Konzept haben bedeutet, dass jemand eine gedankliche Vorstellung davon hat, wie das Vorhaben aussehen soll. Eine Konzeption beschreibt das Programm ähnlich einem Drehbuch für ein bestimmtes Vorhaben. Es handelt sich um eine gedankliche Gesamtübersicht.

Strategie

Strategie in der Wirtschaft bedeutet, konkrete Vorstellungen zu Verhaltensweisen zum Erreichen von Zielen zu beschreiben. Die Strategie beinhaltet demnach, auf welche Art und Weise ein Ergebnis erzielt werden soll. Dazu wird ein Plan erstellt. Man spricht von der sogenannten Unternehmensstrategie.

Prozess

In Prozesse denken heißt voraus denken können. Eine Vorstellung von einem gerichteten Ablauf des Geschehens vorstellen können heißt, den Hergang, den Fortgang oder den Ablauf zu beschreiben. Der Prozess beschreibt eine Entwicklung in seinem Verlauf.

Struktur

Die Struktur beschreibt die Art und Weise, wie Elemente eines Systems aufeinander bezogen sind bzw. durch Beziehungen verbunden sind. Die Beschreibung definiert die Wirkbeziehungen der Elemente und zeigt somit das Beziehungsmuster. Es kommt einer Beschreibung gleich, wie ein Organismus funktioniert oder nicht funktioniert.

Werkzeuge

Die Werkzeuge sind vergleichbar mit den Instrumenten und Hilfsmitteln, mit denen etwas umgesetzt und bewerkstelligt werden soll. Ein gut gefüllter und gut sortierter Werkzeugkasten ist aufgrund der verschiedenen Instrumente in der Lage, unterschiedlichen Situationen gerecht zu werden. Wenn jemand nur einen Hammer hat, muss logischerweise alles wie ein Nagel aussehen. Und drei Hammer (100 Gramm, 500 Gramm und 1.000 Gramm) stellen nicht wirklich eine Alternative dar, es ist nur mehr vom Gleichen.

Methoden

Die Methoden beschreiben, mit welchen Modellen man an die Sache herangehen oder eine Sache betrachten bzw. analysieren will. So könnte man sich zum Beispiel, um zu einem Ergebnis kommen zu wollen, der Methode „Entscheidungsmatrix" bedienen. Mit dem Modell „Ishikawa-Diagramm" könnte man eine Problemanalyse durchführen. Es handelt sich hierbei um ein Ursache-/Wirkungsdiagramm. Mit der Methode „Brainstorming, Brainwriting" könnten man ein Mind-Map erstellen.

Rahmenbedingungen

Hier handelt es sich um innere wie um äußere Faktoren, welche Einfluss auf das Konzept oder auf das Vorhaben nehmen. Diese können in ihren Auswirkungen hilfreich und nützlich, aber auch hemmend und störend sein. Es gilt in jedem Fall zu klären, welche Rahmenbedingungen ich für mein Vorhaben wählen möchte, welche ich gestalten und beeinflussen kann und welche ich ändern möchte. Es ist eben hilfreich zu wissen, welche Faktoren ich nicht ändern kann. Vielleicht kann es aber jemand anders. Wenn Sie wissen oder erkennen, dass Sie keinen Einfluss nehmen können, sollten Sie die Umstände akzeptieren oder das Vorhaben lassen.

Grundhaltung

In einer Organisation ist mit „Grundhaltung" die Kultur, die Philosophie, der Geist und die Leitsätze, die sich ein Unternehmen auf die Fahne schreibt, gemeint. Bei einer Person geht es um die Gesinnung, welche durch Werte, Glaubenssätze und Überzeugungen gekennzeichnet ist. Die Summe davon ist dann die Moral, die Denkweise, somit die Grundhaltung eines Menschen. Das beeinflusst die Aussagen, die Zielsetzungen und die Urteile dieser Person.

Dienstleistungen

Die einzelnen Dienstleistung oder die Produkte eines Unternehmens sind ebenso wesentlicher Bestandteil der Unternehmenspolitik und als wichtiges Element im Gesamtkonzept eines Unternehmens zu berücksichtigen.

Also:

Ein Konzept verschafft Ihnen Orientierung. Wo sind wir gerade? Wollen wir dort sein oder wo und wie geht es weiter? Sie behalten die Übersicht und dies wiederum vermittelt Sicherheit. Durch diese innere Sicherheit erlangen Sie Selbstvertrauen, und das bemerken auch Dritte und schafft somit wiederum Vertrauen.

Eine Konzepterstellung ist keine einmalige Angelegenheit. Das Konzept muss leben dürfen. Das bedeutet: Das Konzept muss flexibel bleiben durch Anpassung, Modifizierung und Erneuerung, je nach äußeren oder inneren Veränderungen. Auch Produkte und Dienstleistungen müssen an den Markt angepasst und Prozesse optimiert werden. Die einzelnen Elemente im Konzept stehen in Beziehungen zueinander und dürfen sich nicht gegenseitig behindern, sondern sollten sich sinnvoll ergänzen. Synergieeffekte wirken hier wie das Schmiermittel im Getriebe.

Ein Profi steigt von Zeit zu Zeit mal aus seinem „Hamsterrad" aus und betrachtet sein Denken und sein Tun von außen. Denn so lange man im „Hamsterrad" sitzt und sich dreht, ist die Sicht von außen, also auf die Dinge, nicht möglich. Dazu braucht man entweder Hilfe von außen oder man hat gelernt, einmal selbstkritisch den Blickwinkel zu verändern. Und dieses Innehalten, von außen Betrachten, sollte in immer wiederkehrenden unregelmäßigen Abständen wiederholt werden. Es ist wie mit dem Geschirrspülen: nicht einmalig, sondern immer wieder.

Also überprüfen Sie, inwieweit die ausgesuchten Elemente in Ihr Konzept gehören, welche ausgetauscht oder hinzugefügt werden sollten. Weiterhin überprüfen Sie die Beziehungen der Elemente zueinander, untereinander, damit Sie die Wirkmechanismen erkennen.

Überprüfen Sie Ihr Gesamtziel und die Teilziele. Legen Sie Wert auf Qualität, nicht auf Quantität. Erkennen Sie, was für Sie wichtig ist. Wichtigkeit hat immer Vorrang vor Dringlichkeit. Kurzfristige Schnellschüsse haben meistens nicht viel weiter geholfen. Nur wenn etwas einen Wert hat, wenn es wertvoll ist, dann ist es auch begehrenswert. In diesem Sinne sage ich:

CARPE DIEM!

Grundhaltung
    Organisation -------------------- Kultur, Leitbild

    Mitarbeiter -------------------- Werte, Überzeugungen

Unternehmenskultur, Unternehmensphilosophie und Werte

Die Beschreibung durch die Werte gibt dem Unternehmen die Richtung vor. Die Definition der Kultur und ihrer Ideen, die dafür stehen, geben dem Unternehmen ein Gesicht. Dadurch entsteht das Bild einer Organisation. Selbst als Fremder kann man erkennen, um was für ein Unternehmen es sich handelt. Dieses Bild wird ja auch öffentlich gemacht in allen erdenklichen Situationen, in den Medien, zum Beispiel im Rahmen von öffentlichen Auftritten, Messen. Durch die Kultur, die Werte und die Philosophie entsteht ein Leitbild für die Führungskräfte und für die Mitarbeiter dieses Unternehmens.

Die Menschen in dieser Organisation sind die Unternehmenspersönlichkeiten und erfüllen den beschriebenen Geist (Kultur und Leitbild) mit Leben. Durch die Identifizierung der Führungskräfte und der Mitarbeiter mit dem Unternehmensleitbild entsteht ein entsprechendes Erscheinungsbild nach innen und außen. Dieses Erscheinungsbild ist durch einen abgestimmten Einsatz des Verhaltens, der Kommunikation und des Erscheinungsbildes der Menschen zu erkennen. Die Orientierung bietet das Unternehmensleitbild. Man spricht von Corporate Identity. Sie ist an äußeren Dingen, genannt Corporate Design, an der Art zu Kommunizieren, zum Beispiel an der Öffentlichkeitsarbeit, genannt Corporate Communication und an dem Verhalten, genannt Corporate Behaviour, zu erkennen.

Strategie

Produktverkauf

Man spricht hier von der sogenannten „SAGEN-KOMPETENZ". Der Verkäufer hat Kenntnisse von den Produkten, weiterhin kennt er die besonderen Merkmale dieser Produkte sowie die damit verbundenen Vorteile und kann diese nennen, erklären und beschreiben. Der Verkäufer hat gelernt, diese Produkte mit den entsprechenden Hilfsmitteln beim Kunden zu präsentieren. Die besonderen Merkmale verbunden mit den Vorteilen werden mit werbewirksamen Unterlagen im Verkauf eingesetzt und kommuniziert. Der gute, geschulte Produktverkäufer wird dem Kunden nicht das Produkt mit seinen Vorteilen anpreisen, sondern er wird dem Kunden die positiven Auswirkungen verkaufen. Er verkauft beispielsweise keine Besen, sondern Sauberkeit. Reinheit, Sauberkeit will der Kunde haben. Das Produkt ist nur Mittel zum Zweck.

Beratungsverkauf

Der Beratungsverkauf ist durch einen Frage-Antwort-Dialog gekennzeichnet. Dadurch ändert sich die Qualifikation des Beraters in eine „FRAGEN-KOMPETENZ". Beraten ohne Ratschläge zu erteilen, ist hier hohe Kunst. Als erstes wird die jetzige Situation des Kunden erfragt und analysiert. Jetzt werden die Wünsche, die Ziele und die Vorhaben des Kunden erfragt. Dann wird möglicherweise gemeinsam nach einer Lösung oder Teillösung gesucht. Die Lösung liegt in jedem Fall im Interessensbereich des Kunden. Der Berater liefert dem Kunden die Informationen, die für eine Entscheidung notwendig sind. Dadurch entscheidet sich der Kunde, ob für ihn, aus seiner Sicht, Handlungsbedarf besteht oder nicht.

Mit welcher Strategie der Vertrieb der Dienstleistungen praktiziert werden soll, Produkt-Verkauf oder Beratungs-Verkauf, hat großen Einfluss auf die Schlüsselqualifikationen des Mitarbeiters. Der Verkäufer/Berater ist nur so gut, in welchem Ausmaß die Schlüsselqualifikationen vorhanden sind und wie diese zusammenwirken. Man spricht von der sogenannten HANDLUNGSKOMPETENZ.

Die Handlungskompetenz beschreibt die Fähigkeit und Bereitschaft, Probleme in der Berufs- und Lebenssituation zielorientiert auf der Basis von methodisch geeigneten Handlungsschemata selbstständig zu lösen, gefundene Lösungen zu bewerten und das Repertoire der Handlungsfähigkeiten zu erweitern.

Die Handlungskompetenz beschreibt vier einzelne Bereiche, die zusammenwirken. Die Fachkompetenz umfasst neben dem eigentlichen fachlichen Berufswissen auch berufsübergreifende Kenntnisse, zum Beispiel Fremdsprachen, IT-Kenntnisse, wirtschaftliches Allgemeinwissen oder Wissen um Technologien.

Zur Methodenkompetenz gehören die Fertigkeiten und Kenntnisse, um anstehende Arbeitsaufgaben systematisch und selbstständig zu analysieren, sinnvolle Lösungswege zu erarbeiten – unter Zuhilfenahme geeigneter Hilfsmittel. Hierzu gehören unter anderem der Umgang mit Informationen sowie die Fähigkeit, Problemlösungsprozesse gestalten können. Weiterhin spielt die Entscheidungsfähigkeit eine wichtige Rolle, und die Fähigkeit zum vernetzten Denken und zum Einsatz jeweils geeigneter Arbeitstechniken.

Die Sozialkompetenz zeigt sich in der Fähigkeit und Bereitschaft, sich mit anderen Menschen verantwortungsbewusst auseinander zu setzen und sich beziehungsorientiert zu verhalten. Im beruflichen Kontext versteht man unter Sozialkompetenz die Fähigkeit, umsichtig, nutzbringend und verantwortungsbewusst mit Menschen und Mitteln umzugehen. Das zeigt sich wiederum in der Fähigkeit zur Kooperation und Teamfähigkeit. Sozialkompetenz setzt Empathiefähigkeit als das Vermögen voraus, sich in das Denken und Fühlen anderer Menschen hineinzuversetzen. Toleranz und Akzeptanz sind ergänzende Persönlichkeitsmerkmale, die jemanden als sozial kompetent auszeichnen. Weiterhin gehören die Kommunikationsfähigkeit, die Kritikfähigkeit, die Kooperationsfähigkeit, die Teamfähigkeit und die Konfliktfähigkeit zur Sozialkompetenz.

Die Persönlichkeitskompetenz ist der Bereich, in dem noch weitere personenbezogene Eigenschaften, Merkmale oder Fähigkeiten genannt werden, wie zum Beispiel Einstellungen, Werte- oder Grundhaltungen, Introvertiertheit, Extrovertiertheit, Neigungen, Talente, Vorlieben, Abneigungen und Überzeugungen.

Struktur

Die Struktur beschreibt die Wirkbeziehungen, die aufgrund der gewählten Art und Weise der Kundenbeziehungen entstehen. Die Strategie bestimmt somit die Struktur.

Beispiel 1:

Angenommen, ein Unternehmen entscheidet sich für die Strategie „Produktverkauf", dann wird der Verkäufer entsprechend ausgebildet und eingearbeitet. Er wird geschult, um die nötigen Kenntnisse zu den Produkten zu lernen. Er wird mit den Vorteilen der Produkte vertraut gemacht und lernt, die Produkte mit den Vorteilen beim Kunden zu präsentieren. Hierzu passend wird der Verkäufer von seiner Führungskraft angeleitet. Das bedeutet, die Führungskraft wählt die Strategie „Führen mit (Zahlen)-Zielen". Denn die Aufgabe lautet ja für den Verkäufer, bei möglichst vielen Kunden möglichst viele Abschlüsse zu erzielen. Somit wird in der Regel dem Verkäufer von der Führungskraft vorgegeben, wie viele Abschlüsse (Stückzahl) von welchem Produkt in welcher Zeit (Woche) erwartet werden. Konkret: Wenn ein Unternehmen für den Verkäufer die Kfz-, die Unfall- und die Rechtsschutzversicherung im Gepäck hat, wird der Verkäufer jedem, der ein Auto kauft, diese drei Produkte verkaufen wollen. Ist das Ziel erreicht, rennt er zum nächsten Kunden und versucht es auch dort. Sie können an diesem Beispiel erkennen, wie die einzelnen Elemente, Grundhaltung, Strategie und Struktur zusammenwirken.

Beispiel 2:

Eine mögliche Alternative in der Strategie ist der „Beratungsverkauf". Auch hier wird der Verkäufer entsprechend passend hierzu ausgebildet und eingearbeitet. Auch dieser Verkäufer hat Kenntnisse von den Produkten mit den Vorteilen des Unternehmens. Allerdings wird in der Vorgehensweise der Fokus auf den Kunden gerichtet. Eine ganzheitliche Sichtweise auf die Kundensituation wird gelehrt. Die Wünsche und Bedürfnisse des Kunden ergeben dann den Bedarf, den es zu bedienen gilt. Konkret wird bei einem Autokauf analysiert werden, wo der Kunde seine Kilometer abspult, wo der Kunde seinen Wagen parkt (auf der Straße, in der Garage), ob er Unterlagen oder zum Hausrat gehörende Sachen im Auto aufbewahrt usw. Dadurch kann es sein, dass der Beratungsverkäufer in der Situation „Kfz-Kauf" mit dem Kunden über die Kfz-Versicherung, Voll- oder Teilkasko-, die Hausrat-, die Wohngebäude-, die Unfall- und die Rechtsschutzversicherung spricht. Die Führungskraft dieses Beratungsverkäufers sollte die Strategie „Führen nach Möglichkeiten (Optionen)" wählen. Auch an diesem Beispiel ist erkennbar, dass die einzelnen Elemente zusammenwirken und zusammen gehören müssen.

Ein Mitarbeiter wird sich in seiner Rolle unwohl fühlen und irritiert sein, wenn eine Führungskraft sagt: „Wir wollen den Beratungsverkauf", den Mitarbeiter aber an anderen Kriterien misst und belohnt.

Rahmenbedingungen

Um sich vor Überraschungen zu schützen, ist es sinnvoll von Zeit zu Zeit die Voraussetzungen zu überprüfen, die zum Erreichen der Ziele notwendig sind. Gegebenenfalls muss nachjustiert oder sonst wie geändert werden. Eine einfache Orientierung ist die Analyse von externen wie internen Gegebenheiten.

Externe Einflüsse:

- das Arbeitsgebiet (Stadt, Land, oder gemischt)

- das Kundenklientel

- die Potentiale

- regionale Gegebenheiten

■ Prognosen, Entwicklungen

■ der Wettbewerb

■ Regeln, gesetzliche Vorschriften

Interne Einflüsse

■ Die Sache: veräußerbare Produkte, passende Organisationsform, Aufgaben, Anforderungen, Ergebnisse und Ziele sind klar definiert, passender Kompetenzrahmen ist vorgegeben.

■ Der Mensch: Rollenverständnis ist akzeptiert, Kernkompetenz ist ausreichend, Status und Funktion sind geklärt, Einarbeitung und Entwicklung sind sichergestellt, Motivation bzw. Wille ist vorhanden.

Prozess

Der Prozess beschreibt den Hergang in seinem Verlauf. Das bedeutet: Ich muss eine klare Vorstellung davon haben oder entwickeln können, was genau geschehen muss, damit ich von A nach B gelange. Die zwingende Voraussetzung hierfür ist, dass ich weiß, was oder wo A ist, und was oder wo B ist. Bei der Klärung dieser Frage finden sich so manche schon tief in der Desorientierung wieder. Vielleicht kenn Sie das Symptom auch. Es werden auf jeden Fall schon einmal irgendwelche Aktivitäten durchgeführt, aber keiner weiß so recht, wozu eigentlich. Oder es passiert gar nichts. Ich habe Chefs erlebt, die ihren Mitarbeitern bei Nichterreichen des Zieles die Empfehlung aussprechen, man möge doch einen Zahn zulegen bzw. einen Schritt schneller gehen. Als wenn dies eine echte Alternative darstellt. Im Grunde ändert sich doch gar nichts, außer, dass der Mitarbeiter schneller am falschen Ort ankommt.

Es muss ein Verlauf erstellt werden, der die Maßnahmen, die Aktivitäten, die konkreten Verhaltensweisen in logischer Reihenfolge, dem Hergang entsprechend, beschreibt. Voraussetzung hierfür ist allerdings, dass allen Beteiligten klar ist, was man denn so vor hat bzw. um was es eigentlich geht. Ein erst einmal allgemein formuliertes Vorhaben wird in der weiteren Bearbeitung immer konkreter und endet schließlich in einer konkreten Zielformulierung.

Wenn Sie sich Klarheit über Ihr Vorhaben verschaffen wollen, sollten Sie sich bei folgen Fragen um Antworten bemühen:

Was will ich oder jemand anders *wann* bzw. bis *wann, wo* und *wie* mit *wem* für *wen wozu* erreichen oder erzielen oder gemacht haben, oder, oder … ?

Welche Antworten haben Sie bereits zur Verfügung, und um welche Antworten müssen Sie sich noch bemühen? Denken Sie bitte daran: Es geht auch meistens um

> die Vorbereitung von …………,
> die Durchführung von ………..,
> und die Nachbereitung dessen.

Werkzeuge

Jetzt kommt das Zubehör, bildhaft gesprochen der Werkzeugsatz, der Imbus-Schlüssel, der Schreibendreher, der Wagenheber, die Pinzette, der Tupfer usw. Je nachdem, für welches Modell Sie sich in der Methode entscheiden, werden zur Bearbeitung unterschiedliche Hilfsmittel notwendig sein.

Zur Vorbereitung kann eventuell als Hilfsmittel ein Flipchart, eine Pinnwand, ein Whiteboard, Arbeitsblätter, Leittexte, Handouts, Skripte oder andere Träger von Informationen wie CD, DVD oder Videos beitragen. Zur Durchführung könnten verkaufsfördernde Unterlagen jeglicher Form und Art, Beamer, Laptop gebraucht werden.

Auch die Art der Durchführung einer Maßnahme bestimmt die Hilfsmittel. Nehmen Sie an, Sie wollen Kunden terminieren, das können Sie folgendermaßen tun: telefonisch, schriftlich und persönlich. Sie können es selbst tun oder durch Dritte ausüben lassen. Diese benötigen eventuell andere Hilfsmittel, jeder auf seine Art. Der eine lutscht das Eis, der andere beißt ab.

Nun, wie auch immer, das Hilfsmittel muss zum Modell und zur Methode passen, sonst bekommen Sie nichts bewegt.

Dienstleistungen

Will ich meine Dienstleistungen veräußern, kann ich mich am Markt orientieren oder versuchen, den Markt zu beeinflussen. Wenn der Kunde meine Angebote annehmen möchte und bereit ist, dafür zu bezahlen – umso besser für den Vertrieb.

Ein Muss sollte die ständige Marktbeobachtung und die damit verbundene Produktpflege sowie die Anpassung oder Erneuerung von Dienstleistungen sein. Es ist bereits nachgewiesen, dass zum Beispiel Kunden, die auf dem Land wohnen, andere Produkte bevorzugen als Kunden, die in der Stadt leben. Somit spielen das Umfeld, regionale Unterschiede bzw. weitere Befindlichkeiten eine nicht unerhebliche Rolle. Dadurch ergeben sich automatisch als Folge unterschiedliche Einzelprodukte und/oder Produktpakete.

Um sich nun vom Wettbewerber zu unterscheiden, muss ich mir die Frage stellen, warum der Kunde gerade bei mir kaufen sollte, wenn denn schon die Produkte so ähnlich und woanders auch zu haben sind. Worin besteht möglicherweise der Unterschied?

Betrachten wir einmal die Ebene der Produkte, der Produktpalette oder der Produktkombinationen als abgeschlossen und erledigt.

Wenn Sie jetzt Interesse daran haben, langfristige Geschäftsbeziehungen zu gestalten, ist die Erfüllung einiger Unterscheidungskriterien, die der Kunde wahrnehmen und erleben kann, erforderlich. Kundengewinnung ist eine Sache, Kundenbindung eine andere.

Der Kunde muss jetzt erleben können, dass Sie nicht nur ein Lieferant von Dienstleistungen sind. Sie sollten etwa bei Ihrer Ausstattung auf dem neuesten Stand der Technik sein. Ohne die notwendigen technischen Spezifikationen können Sie den Anforderungen der Kunden nicht mehr gerecht werden. Weiterhin ist ein hervorragender Service wichtiges Unterscheidungsmerkmal; Kunden erkennen diesen Service beispielsweise bei der Unterstützung der Antragsbearbeitung oder in der Schadenregulierung. Das gilt nicht nur für den Inhaber einer Agentur, sondern genauso für die dort arbeitenden Mitarbeiter. Alles, was Sie in den Augen des Kunden vom Wettbewerb unterscheidet, kann von Bedeutung sein. Allerdings wird die

Konkurrenz dies auch wahrnehmen und versuchen, es Ihnen gleich zu machen. Spielen Sie in einer anderen Liga, alles was zur heutigen Norm geworden ist, sieht für den Kunden gleich aus. Also fallen Sie im positiven Sinne aus der Norm!

Einen guten Support liefern, bereitstellen und anbieten gehört als nächstes zu den Unterscheidungskriterien für den Kunden. Werden Sie kreativ, halten Sie Vorträge bei Ihren Firmenkunden, führen Sie „Kamingespräche" für Kunden mit gleichen oder ähnlichen Interessen. Lassen Sie sich zu Veranstaltungen in Ihrem Kundenkreis einladen, denken Sie über den Tellerrand hinaus, bringen Sie Kunden zusammen. Sie wollen doch auch empfohlen werden.

Nun folgt eine weitere, aber entscheidende Hürde, die es zu überwinden gilt. Bildlich gesehen stehen Sie jetzt vor der Tür zur Komfortzone des Kunden. Es braucht eine Portion Selbstvertrauen des Kunden und Vertrauen zu Ihnen, um Sie dort hinein zu lassen. Wenn es Ihnen aber gelingt, sich im Wohnzimmer des Kunden aufhalten zu dürfen, dann sind Sie eingeladen, interne Tagesbedürfnisse zu besprechen und Lösungen für Probleme mit ihm zu entwickeln. Sie können sich daran beteiligen, wie der Kunde seine Ziele und Wünsche erreichen kann. Wenn Sie hier angelangt sind, schrumpft die Preisempfindlichkeit für Ihre Produkte beim Kunden merklich, denn jetzt stellen Sie einen anderen Wert für den Kunden auf einer anderen Ebene dar. Selbst die Bedeutung von Produktmerkmalen verändert sich, weil der sichtbare Beitrag, den Sie dem Kunden zur Erfüllung seine Ziele liefern, überwiegt.

Methoden

„Wie gehe ich jetzt daran?", lautet hier die Frage. „Welches Modell hilft mir bei der Ausgabenstellung am ehesten?" Jetzt befinden wir uns in der Methodenkompetenz. Die Modelle sind wiederum wie Werkzeuge und Instrumente anzusehen, mit denen man an die Sache herangeht.

Die Anwendung unterschiedlicher Methoden in den zu bearbeitenden Situationen bieten die Möglichkeit strukturiert und Ergebnisorientiert zu Lösungen zu gelangen. Die Auswirkungen sind Orientierung und Sicherheit.

Als Beispiel werden exemplarisch folgende Modelle erläutert:

1. Ein Analysemodell

2. Ein Problembearbeitungsmodell

3. Ein Entscheidungshilfemodell

4. Ein Verhandlungsmodell

5. Ein Einstiegsmodell in Besprechungen

Ein Analysemodell:

Das Ursachen – Wirkungsdiagramm nach Ishikawa

Es handelt sich um das sogenannte „Fisch-grat-Diagramm" Es ist auch unter dem Namen seines Erfinders Professor Ishikawa, als Ishikawa-Diagramm bekannt. Das Diagramm ist eine Hilfe zur Ermittlung möglicher Ursachen für ein Problem. Die Analyse mit diesem Modell dient dazu die Zusammenhänge zwischen der Auswirkung eines Problems, den Symptomen und deren möglichen Ursachen herauszufinden.

Wenn Ihre Pflanzen zum Beispiel nicht gedeihen, nicht wachsen, kann das ganz verschiedene Gründe dafür geben; zu wenig oder zu viel Wasser, die Wassertemperatur ist falsch, die Luft ist zu kalt, der Boden ist ungünstig, kein Dünger vorhanden, es ist zu wenig Licht da. Es können auch mehrere Ursachen zugleich dafür verantwortlich sein, also ein Mischproblem. Die Ursachen-Wirkungs-Analyse hilft Ihnen die richtigen Ursachen herauszufinden. Jedes Problem muss als Wirkung einzelner oder einer Anzahl miteinander verknüpfter Ursachen verstanden werden.

Wie Sie in der Abbildung sehen hat die Visualisierung den Anschein einer Fischgräte. Sie können dann bei Ihrer individuellen Erstellung des Ursachen-Wirkungs-Diagramms entsprechend dem Bedarf die Anzahl der Gräten bestimmen, so dass die Aufzeichnung die Beziehungen zwischen dem Problem (Wirkung) und den möglichen Ursachen zu ersehen ist.

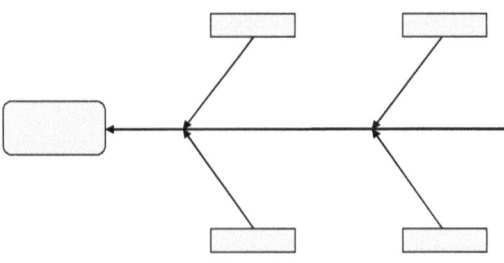

Die Vorgehensweise zum Erstellen eines Ursachen-Wirkungs-Diagramms:

1. Schreiben Sie die Problemauswirkung in das Feld – *Wirkung* –

2. Tragen Sie die Begriffe der Hauptkategorien in die Felder – Ursachen-Kategorie – ein

3. Ordnen Sie die im Brainstorming oder Brainwriting gewonnenen möglichen Ursachen den Hauptkategorien (als Hauptäste) zu

4. Stellen Sie sich zu jeder Ursache die Frage nach dem -Warum - . Tragen Sie die Gründe dann als Verzweigungen zu den Hauptästen ein.

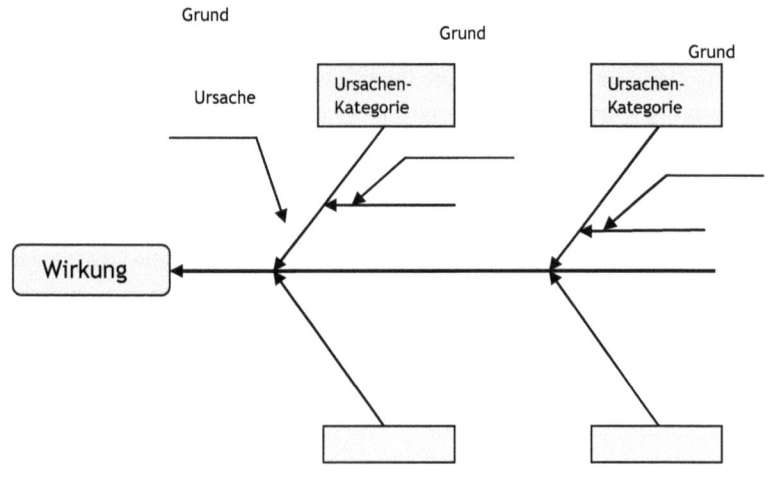

Versuchen Sie nun diejenigen Ursachen zu bestimmen, welche die Wahrscheinlichsten oder die Bedeutendsten sind. Markieren Sie diese Ursachen dann mit Kreis. Konzentrieren Sie sich auf die Ursachen, deren Behebung in Ihrem persönlichen Einflussbereich liegen.

Je nach Situation sind Sie nun in der Lage Lösungsansätze zu erarbeiten, die nicht willkürlich, sondert begründet sind. Planen Sie entsprechende Maßnahmen um das Problem zu bearbeiten und nicht nur an Symptomen herumdoktern. Es folgt ein Beispiel aus dem sozialen Umfeld.

Ein Beispiel aus dem sozialen Umfeld:

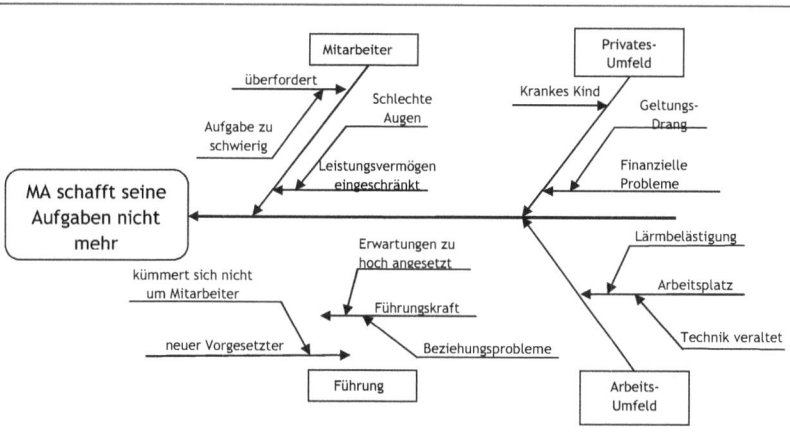

Nach dieser Ausarbeitung sind Sie in der Lage Ansatzpunkte auszuwählen und zu priorisieren, mit denen das Problem am ehesten gelöst oder teilweise gelöst werden kann.

Meine Definition für ein Problem lautet:

> Es handelt sich um eine Situation, in der Handlungsbedarf besteht!

Probleme sind deshalb so lästig und unangenehm, weil sie eine Unterbrechung in meinen Tagesablauf bringen, die ich nicht wollte. Außerdem sind sie penetrant, wenn man sie nicht beachtet, sie können einem sogar den Schlaf rauben.

Ein Problembearbeitungsmodell:

Die Situationsanalyse
1. Schritt: Situation erkennen und beschreiben (nicht werten)

2. Schritt: Situation in handhabbare Bestandteile zerlegen

3. Schritt: Prioritäten (Wichtigkeit) festlegen

4. Schritt: Weitere Schritte der Vorgehensweise festlegen

Die Problemanalyse
1. Schritt: Problem definieren

2. Schritt: Beschreiben, wer ist mittelbar/unmittelbar beteiligt

3. Schritt: Abgrenzen, wann ist es da, wann ist es nicht da

4. Schritt: Besonderheiten / Unterschiede nennen

5. Schritt: Veränderungen / Auswirkungen ermitteln

6. Schritt: Mögliche Ursachen ermitteln

7. Schritt: Wahrscheinlichste Ursache analysieren

8. Schritt: Beweis erbringen

Die Entscheidungsanalyse
1. Schritt: Ergebnis, Ziel formulieren

2. Kriterien entwickeln und gewichten

3. Alternative Lösungsmöglichkeiten erarbeiten

4. Lösungen vergleichen und Risiken abwägen

5. Für die beste Alternative entscheiden

Die Analyse potentieller Probleme
1. Schritt: Plan – B – erstellen

2. Schritt: Vorbeuge- und Eventualmaßnahmen erarbeiten

3. Schritt: Plan ergänzen, Warnsystem erstellen

Ein Entscheidungshilfemodell:

Angenommen, Sie sind Agentur-Inhaber und wollen eine freie Stelle besetzen und suchen den dafür geeigneten Mitarbeiter(in), dann ist die Problemlösung der Entscheidungsfindung komplex. Methodisch mit einer Entscheidungsmatrix zu arbeiten heißt mit einer logischen Ordnung zum Ergebnis zu gelangen.

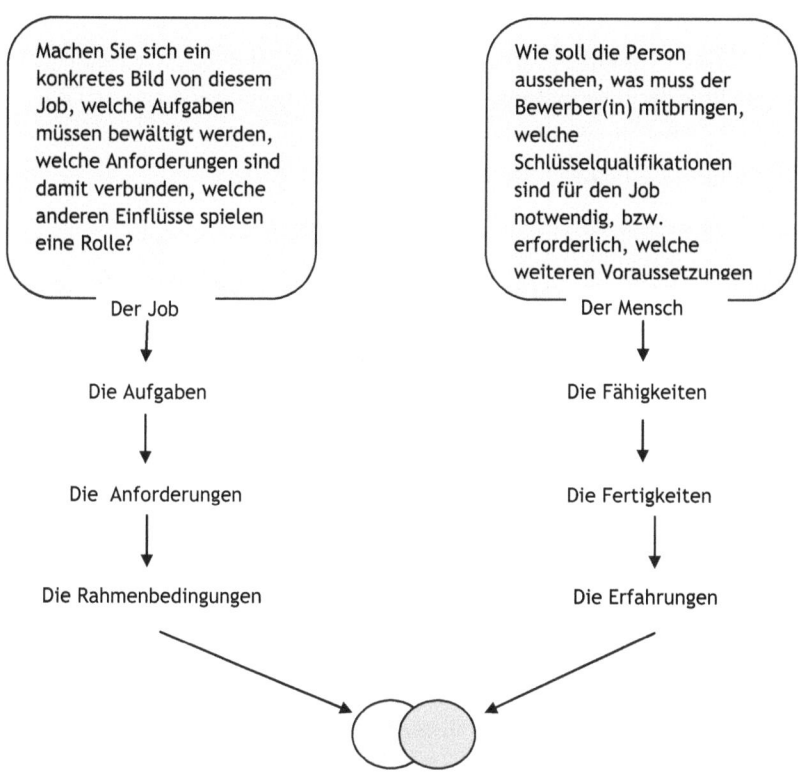

Was passt zusammen? Wie viel davon passt zusammen?

Reicht das aus? Wonach wollen Sie entscheiden?

Erstellen einer Entscheidungsmatrix:

1. Beschreiben Sie Ihr Problem, Ihr Vorhaben, Ihren Anlass:

   Vergleich von Bewerbern, Vergleich von Arbeitsmethoden, Vergleich beim Pkw-Kauf, Vergleich beim Kauf einer Immobilie oder Ähnliches

2. Sammeln Sie Kriterien, welche für Sie bei Ihrer Bewertung zur Entscheidung relevant sein können:

   Wissen, Kenntnisse, Fähigkeiten, Fertigkeiten, Motivation, Grundeinstellung, Berufserfahrung, Schulbildung, Ausbildung, Wohnort, Führerschein, Familienstand usw.

3. Ordnen Sie die Kriterien in Kategorien ein:

   a. Muss-Kriterien (sogenannte „K.O.-Kriterien")
   b. Soll-Kriterien (sollte gegeben sein)
   c. Kann-Kriterien (Wünschenswertes)

4. Anschließend gewichten Sie die Kriterien. Geben Sie Punkte für die Bedeutung der einzelnen Kriterien (außer für die Muss-Kriterien).

5. Danach erstellen Sie die Matrix (Tabelle)

6. Jetzt können Sie die Matrix entsprechend ausfüllen und eine begründete Entscheidung treffen.

Ein Verhandlungsmodell

„Harvard-Konzept"

Prinzip 1:   *Behandle Menschen (Beziehungen) und Sachprobleme getrennt!*

Folgerungen: Eine gestörte Beziehung verhindert zufriedenstellende Sachergebnisse. Beziehungsprobleme haben also Vorrang. Vorstellungen, fehlerhafte Kommunikation, Emotionen und Positionen schlagen auf die Beziehungsebene durch. Es ist wichtig, diese Ursachen gestörter Beziehungen zu erkennen und zu beseitigen.

Prinzip 2:   *Erkunde Interessen, vermeide Positionen!*

Folgerungen: Lege die eigenen Interessen offen dar, ohne Positionen zu beziehen. Frage danach, welche Interessen die Gegenseite hat, insbesondere, welche Interessen hinter den Positionen der Gegenseite liegen. Prüfe, welche Interessen gemeinsame Interessen sind und welche Interessen sich widersprechen. Sprich über die Vorstellungen beider Seiten.

Prinzip 3:   *Entwickle Optionen, die die beiderseitigen Interessen zufriedenstellen können!*

Folgerungen: Lass die Phantasie aller Beteiligten bei der Suche nach Lösungen möglichst freien Raum (Brainstorming). Verzichte während der Entwicklung von Optionen auf deren Beurteilung. Bewerte erst, wenn das Kreativitätspotenzial aller Personen ausgeschöpft ist. Prüfe, ob der „Kuchen" nicht vergrößert werden kann, ob nicht weitere Punkte einbezogen werden können. Prüfe, welche Interessen gemeinsame Interessen sind und welche Interessen sich widersprechen. Gib Dich nicht mit erstbesten Lösungen zufrieden, sondern suche nach weiteren Möglichkeiten und Varianten.

Prinzip 4:   *Löse widerstreitende Interessen durch Anwendung objektiver (neutraler) Kriterien!*

Folgerungen: Suche gemeinsam mit dem Verhandlungspartner nach allgemein gültigen Normen, Werten, Rechtsgrundsätzen und Verfahren, die als objektive (neutrale) Entscheidungskriterien verwendet werden können, weil sie: von der Einflussnahme jeder einzelnen Verhandlungspartei unabhängig sind und dadurch für alle Verhandlungsparteien als gültig und verbindlich anerkannt werden können.

Prinzip 5:   *Prüfe Deine beste Alternative, bevor Du ein Verhandlungsergebnis akzeptierst!*

Folgerungen: Stelle Dir die Frage nach der besten Möglichkeit, wenn es nicht zu einem Verhandlungsergebnis kommt. Wäre diese Alternative besser als die Verhandlungslösung? Wenn Du diese Frage mit „ja" beantwortest, dann stimme dem Verhandlungsergebnis nicht zu. Frage auch: Welche Alternative hat die andere Seite? Wenn ich eine Verhandlungslösung will, muss sie nämlich auch besser sein als die beste Alternative des Verhandlungspartners. Bringe Deine beste Alternative sehr vorsichtig in Verhandlungen ein, da dies oft als Drohung empfunden wird.

Das Harvard Verhandlungsmodell folgt diesen fünf Prinzipien und ist vor etwa vier Jahren durch fünf Grundsätze erweitert worden.

Die Kernaussage dieser Ergänzung lautet: INVESTIGATIV VERHANDELN!

Es ist nicht damit getan, sein Gegenüber vom eigenen Standpunkt zu überzeugen, oder gar zu überreden. Viel entscheidender ist, die Motive der Gegenseite zu erkennen, sie richtig einzuschätzen und in die eigene Verhandlungsposition einzubeziehen.

Fünf Grundsätze im „Harvard-Konzept"

Diskutieren Sie nicht nur darüber, was die Gegenseite will, sondern auch, warum sie es will. Versetzen Sie sich in die Situation Ihres Gegenübers, Empathie ist gefragt. Verstehen Sie die Forderungen als Chancen. Suchen Sie nach Gemeinsamkeiten, forschen Sie nach, ergründen Sie, sind Sie beharrlich, investigativ eben.

Grundsatz 1: Diskutieren Sie nicht nur, was die Gegenseite möchte, sondern auch, warum sie es möchte. Dies kann absolut wichtig sein, wenn sie es in komplexen Verhandlungen mit mehreren Verhandlungspartnern zu tun haben. Es kann und wird sich wahrscheinlich herausstellen, dass die einzelnen Parteien unterschiedliche Beweggründe haben.

Grundsatz 2: Versuchen Sie, die Beschränkungen Ihres Gegenübers zu verstehen und Abhilfe zu schaffen. Äußere Umstände können unsere Fähigkeit, effektiv zu verhandeln einschränken. Solche vermeintlichen Zwänge können vielschichtig sein. Der gute Verhandler versucht daher, die Rahmenbedingungen zu verstehen, unter denen die andere Seite verhandelt – und zu helfen, Hindernisse zu überwinden, anstatt Einwände als unvernünftig abzutun oder sie mit Gegenargumenten entkräften zu wollen.

Grundsatz 3: Gehen Sie konstruktiv mit den Forderungen der Gegenseite um. Hier kann die Erkundung dessen, was sich hinter den Forderungen verbirgt, möglicherweise neue Erkenntnisse liefern. Hilfreich wäre es zu wissen, welche Interessen sich hier verbergen und welche Chancen sich dadurch für Sie ergeben können. Der konstruktive Verhandler denkt in Möglichkeiten, der andere hat nur die Problembrille auf.

Grundsatz 4: Schaffen Sie Gemeinsamkeiten mit den Kontrahenten. Oftmals ist es möglich, mit einer Sache mehrere Interessenten und Bedürfnisse zu bedienen, und zwar dann, wenn zum Beispiel eine Sache unterschiedliche Dinge für verschiedene Zwecke hergibt. Angenommen, Sie wollen Eierschnee herstellen und benötigen dazu das Eiweiß von zehn Hühnereiern, und ein anderer will backen und benötigt hierzu das Eigelb von zehn Hühnereiern, dann wollen in der Regel beide Kontrahenten zehn Eier kaufen.

Nun gibt es aber leider nur noch einmal zehn Eier insgesamt zu kaufen. Nun beginnt der Kampf, denn jeder will seine zehn Eier haben, obwohl jeder für sein Vorhaben nur einen Teil davon benötigt. Dies ist ein Beispiel dafür, wie sich Bedürfnisse ergänzen können und nicht miteinander konkurrieren müssen. Es ist also möglich, zu kooperieren und gleichzeitig im Wettbewerb zu stehen. Investigative Verhandlungspartner sind sich dessen bewusst.

Grundsatz 5: Haken Sie nach, auch wenn die Verhandlungen zu scheitern drohen. Wenn Sie so denken wie die meisten Menschen, dann werden Sie, nachdem jemand Ihr bestes Angebot ausgeschlagen hat, davon ausgehen, dass weitere Verhandlungen sinnlos sind. Ein solche Annahme ist oftmals richtig. Manchmal aber liegen Sie damit doch falsch – und Sie verlieren das Geschäft nicht deshalb, weil keine praktikable Einigung zustande gekommen ist, sondern weil nicht wirkungsvoll genug verhandelt haben. Nach einer Ablehnung sollten Sie nachfragen: „Unter welchen Umständen hätten wir eine Einigung erzielen können?" Auch wenn abzusehen ist, dass

Sie den Kunden nicht für sich gewinnen, können Sie doch mit solchen Fragen wichtige Informationen erhalten, die Ihnen beim nächsten Mal nützlich sein können.

Fazit: Diese fünf Grundsätze des Verhandelns zeigen, wie wichtig es ist alte, traditionelle Muster zu überprüfen und eventuell über Bord zu werfen. Dies gilt vor allem für den Reflex, seine eigene Position zu „verkaufen".

Einstiegsmodell

Besprechungen starten: Man sagt, der erste Schritt zeigt die Richtung an, wohin es gehen soll. Also lautet die Frage: Was sagen Sie, nachdem Sie „Guten Tag" gesagt haben?

Folgende Vorgehensweise hat sich in der Praxis bewährt: Informieren, klären und vereinbaren Sie, bevor Sie im Thema loslegen, auf den folgenden Reflexionseben die notwendigen beschriebenen Punkte. Sie legen das Fundament für alles Weitere.

1. Ebene (Inhalte):

   Wie lautet das Ziel dieser Veranstaltung oder Besprechung? Wie lauten möglicherweise vorgesehene Etappenziele? Was sind die konkreten Themen? Wie lauten die Inhalte?

2. Ebene (Methoden):

   Wie ist die Arbeitsweise? Mit welchen Methoden sollen die Themen be- und erarbeitet werden? Mit welchen Modellen sollen die Ergebnisse erzielt werden?

3. Ebene (Prozesse):

   Wie ist der Ablauf strukturiert? Wie ist die Zeitplanung? Welche Rahmenbedingungen finden wir vor?

4. Ebene (Beziehungen):

   Wer hat in dieser Veranstaltung welche Rolle inne? Welche Aufgaben und Verantwortlichkeiten sind damit verbunden? Welche „Spielregeln" der Zusammenarbeit sollen Berücksichtigung finden?

Wenn Sie Ihre Zusammenkünfte und Besprechungen auf diese Art und Weise starten, geben Sie Ihren Gesprächspartnern das Gefühl von Wertschätzung und Respekt. Außerdem wird sehr schnell deutlich, auf welcher Ebene noch Klärungsbedarf besteht, bevor es losgehen kann.

Zum Schluss:
Prüfen Sie, welche Elemente im Konzept für Sie wichtig sind!

Analysieren Sie die einzelnen Elemente auf ihren Inhalt!

Prüfen Sie die notwendigen Ressourcen in den Elementen!

Betrachten Sie die Beziehung der Elemente zueinander!

Erstellen Sie einen konkreten Umsetzungsplan!

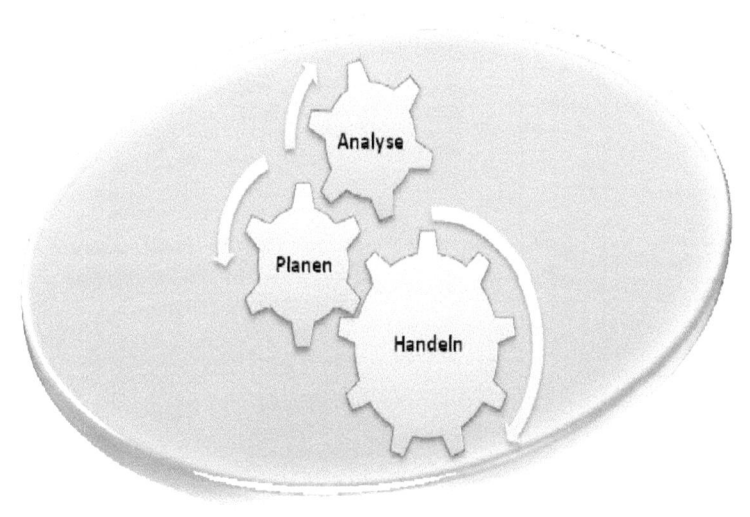

Das „BOA - Prinzip"

„Was tun Sie denn so, wenn es darum geht, an Beziehungen zu arbeiten?", ist eine für viele oft schwer zu beantwortende Frage. Woran erkennen Sie denn, ob die Beziehung für Sie oder für andere in Ordnung ist oder nicht? Und woran merkt man denn, wenn die Beziehung sich verändert?

Das „**BOA-Prinzip**" ist ein geeignetes Instrument zur Analyse und zur Gestaltung von Beziehungen im privaten und auch im geschäftlichen Bereich. Das Modell bietet Ihnen eine Orientierung über die Art, wie eine Beziehung zur Zeit ist und wie und wo Sie gerne dran drehen oder verändern möchten.

Die Buchstaben B, O, A stehen für die Worte

BINDUNG

ORDNUNG

AUSGLEICH

Diese werden auf folgenden Seiten ausführlich erklärt und mit Beispielen beschrieben.

Bindung

Bindung ist gekennzeichnet durch

NÄHE ↔ **Distanz**

Wenn eine Beziehung sich anbahnt oder entwickelt, ist zu beobachten, dass die Distanz zwischen den Beteiligten oder Betroffenen kleiner wird, sich verringert. Man rutscht näher zusammen, auf verschiedenen Ebenen. Räumlich zum Beispiel: Man sieht sich öfter, die Intervalle der Treffen oder Besuche verkürzen sich, Gemeinsamkeiten, privater oder beruflicher Natur werden gesucht und genutzt. Das geht dann weiter: Man zieht zusammen, Gemeinsamkeiten, wie Wohnung, Büro, Urlaube, Hobbies etc. sind erkennbar. Auch geistig ist man auf gleicher oder ähnlicher Wellenlänge anzutreffen, also nicht so weit voneinander entfernt, wegen der Distanz.

„Gleich und gleich gesellt sich gern" kann man gut beobachten. „Gegensätze ziehen sich an", sagt man auch. Die Lebenserfahrung zeigt jedoch, dass sich diese Redewendung nur selten erfüllt. Der Umgang mit Gegensätzen ist auf die Dauer zu anstrengend, zu nervig, das will keiner wirklich, höchstens einmal so für zwischendurch, eher als interessante Abwechslung, dann geht es wieder zurück zu den Wurzeln.

Entweder, einer der Partner passt sich dann an, oder die Differenzen waren zu groß, sagt man, also ist die Distanz wieder hergestellt. Sie wird dann als unüberwindbar erlebt.

Wenn die Beziehung sich verschlechtert, ist zu beobachten, dass sich die Distanz vergrößert. Man geht auf Distanz. Man sieht sich nicht mehr so oft, nur noch, wenn es sein muss oder es sich nicht verhindern lässt. Manchmal geht das bis zur Unnahbarkeit, da geht dann nichts mehr. Zuviel vom „Guten"; Kumpanei kann ebenso ins Negative kippen. Also zu nah, zu oft ist schädlich, der andere hat das Gefühl, er hat keine Luft mehr zum atmen. Man wird eher misstrauisch, fühlt sich kontrolliert. Jeder Mensch braucht seinen Raum für sich, sein eigenes Territorium, ohne Aufsicht, ohne Abhängigkeiten. Es gibt ja bekanntlich die sogenannten Distanzzonen, und die kleinste wird nicht umsonst die „Intimzone" genannt, da lässt man nicht jeden rein.

Welche Fragen ergeben sich für Sie als Verkäufer aus dem Begriff **BINDUNG**, welcher gekennzeichnet ist durch Nähe und Distanz im Umgang mit dem Kunden, in der Beziehung mit dem Kunden?

Fragen Sie sich bitte, welche Nähe, welche Distanz ist hilfreich und nützlich oder auch erforderlich für die gemeinsame Zielerreichung in unseren Rollen (Kunde und Verkäufer), in einer Geschäftsbeziehung!

Wann werden Sie für den Kunden erreichbar sein wollen? Wie oft werden Sie den Kunden nach diesem Gespräch betreuen? Bei welchen Gelegenheiten/Ereignissen werden Sie den Kontakt zum Kunden suchen und aufnehmen? In welchen zeitlichen Abständen/Intervallen werden Sie sich mit dem Kunden ins Benehmen setzen? Welche Vorstellungen haben Sie diesbezüglich, und welche Erwartungen hat Ihr Kunde dazu?

Dies gilt es zu besprechen, es geht um Kundenbindung!

Ordnung

Ordnung ist gekennzeichnet durch

(Spiel-) Regeln   ↔   **Flexibilität**

Regeln – wozu? Zur Orientierung, zur Klärung, um ein wenig Berechenbarkeit zu erlangen. Regeln werden ritualisiert, institutionalisiert. Rituale sind immer wieder kehrende Verhaltensweisen, die den Betroffenen bekannt und geläufig sind. Ritualisierte Regeln sind nicht schlecht oder gut. Sie können vieles vereinfachen, sollten allerdings von Zeit zu Zeit überprüft und in Frage gestellt und hinterfragt werden.

Sollten diese Regularien nicht mehr zeitgemäß oder nützlich sein, müssen sie modifiziert oder abgeschafft werden, was vielen sehr schwer fällt. Besser ist es dann, neue Regeln einführen. Die sind vielleicht zeitgemäß.

Regeln sollten nicht in die Starrheit führen, sondern flexibel gehandhabt werden dürfen, einen Spielraum zulassend, eine Orientierung gebend, wie die Leitplanken einer Autobahn. Regeln dürfen aber nicht den Verkehr zwischen den Leitplanken behindern. Wo es Regeln gibt, kann auch kontrolliert werden, aber dort, wo Regeln sind, gibt es auch Ausnahmen.

Es gibt drei Arten von Regeln, mit deren Hilfe Menschen ihr Zusammenleben organisieren. Dies ist am Arbeitsplatz in Unternehmen genau so zu erkennen, wie im privaten Bereich, also in Familien oder im Freundeskreis.

5. Offizielle Regeln

   In vielen Unternehmen kann man diese Regularien in dokumentierter Form nachlesen. Sie geben neuen Mitarbeitern Informationen über Verfahren und Abläufe.

   Genau so gibt es Regeln im privaten Umfeld (Familien). Das bedeutet, man hat intern geklärt, wer wofür zuständig ist. Nur dokumentiert dies hier normalerweise niemand so genau wie im beruflichen Bereich.

   Es handelt sich also jeweils um die offiziellen Antworten auf folgende Fragen:

   – Wer hat welche Rolle inne?
   – Welche Aufgaben sind damit verbunden?
   – Welche Kompetenzen und Verantwortlichkeiten gehören dazu?

Es ist absolut wichtig für den Verkäufer zu wissen, wer auf Seiten seiner Gesprächspartner welche Rolle einnimmt: Wer ist der Entscheider? Wer ist der Umsetzer? Wer ist der Befürworter?

In der Realität ist zu beobachten, dass Unternehmen eben nicht nach den offiziellen Regeln funktionieren, sondern irgendwie anders; oder dass in privaten Haushalten doch jemand anders als erwartet „die Hosen anhat".

Dann sprechen wir von der zweiten Art von (Spiel-)Regeln.

6. Heimliche Spielregeln

Heimliche Spielregeln sind nirgendwo nachlesbar, nur beobachtbar. Interne, Insider kennen diese und verhalten sich danach. Es geht um die kurzen Dienstwege, um Verfahrensweisen, die einfach und praktisch sein können, aber nicht ganz so, wie es sein sollte. Aber es funktioniert besser und wird somit geduldet.

Als neuer Mitarbeiter benötigt man schon je nach Größe der Firma eine gewisse Zeit, um hier den Durchblick zu haben. Auch in Familien bzw. privaten Haushalten ist viel Einfühlungsvermögen und Analysefähigkeit notwendig, um zu erfahren, wer ist wer.

7. Unheimliche Spielregeln

Ab und zu passiert auch so etwas. Gemeint ist, wenn Insider, Eingeweihte, Kenner und Beherrscher der heimlichen Spielregeln zusammenzucken und sich fragen: Was war das denn? Was ist denn jetzt passiert? Dann kam wahrscheinlich eine sogenannte heimliche Spielregel zur Anwendung. Es ist die Ausnahme-Regel.

Der Verkäufer sollte sich fragen: In welcher Form will ich die Kundenbeziehung gestalten und erleben? Nach welchen Spielregeln soll zusammen gelebt werden, welche Umstände und Rahmenbedingungen sollen Berücksichtigung finden? Welche Art von Ordnung ist für diese Art von Beziehung wichtig? Und: Wie sieht der Kunde das?

Fangen Sie schon früh genug im Verkaufsgespräch damit an, indem Sie zum Beispiel die Vorgehensweise regeln, indem Sie den Prozess besprechen. Es gibt Ihrem Kunden eine Orientierung und somit Sicherheit. Hinzu kommt ja noch die Möglichkeit, dass Ihr Gesprächspartner etwas anderes tut, Sie zur vereinbarten Regel Fragen stellen können, zum Beispiel, ob man sich jetzt noch daran halten will, ob die Regel noch Gültigkeit besitzt, oder ob die Zusammenarbeit doch lieber durcheinander, unstrukturiert gestaltet werden soll, mehr so im Chaos.

Ausgleich

Ausgleich ist gekennzeichnet durch

Geben ↔ Nehmen

Was sind Sie bereit, in dieser (Geschäfts-) Beziehung zu geben? Was sind Sie bereit, zu investieren, an Energie, an Zeit, an Know-how? Was darf der Kunde von Ihnen erwarten: das normale oder mehr? Und wie könnte man das konkret beschreiben?

Welche Erwartungen haben Sie somit an den Kunden? Was wollen Sie von ihm dafür haben? Wie stellen Sie sich den Ausgleich vom Kunden für Ihre Investition vor?

Geben und Nehmen muss thematisiert und besprochen werden. Woher sollte der Kunde Ihre Vorstellungen hierzu kennen? Und woher kennen Sie umgekehrt die Vorstellungen und Erwartungen des Kunden dazu? Fragen Sie also (immer) nach den Interessen des Kunden!

Wenn jemand nur gibt, insbesondere unaufgefordert, sich also mehr oder weniger aufdrängt, schadet es eher der Beziehung. Erst recht das ausschließliche Nehmen wird mit der Zeit als unpassend empfunden. Der Gesprächspartner wird die Distanz (Bindung) verändern wollen.

Aus diesem Grund sollten die Gesprächspartner unbedingt ihre gegenseitigen Erwartungen sowie ihre jeweilige Bereitschaft zu leisten im Vorfeld offen thematisieren. Kommunizieren Sie am besten mit klaren Verträgen. Diese sind da, damit wir uns vertragen und diese werden gestaltet durch Vereinbarungen, die für alle verbindlich sein sollten. Dadurch sind Sie zuverlässig und vertrauenswürdig.

Das „BOA-Prinzip" ist in vielen Situationen eine hilfreiche Orientierung und praktisch in vielen verschiedenen Situationen einsetzbar, wenn es darum geht, Beziehungen zu analysieren oder aktiv zu gestalten. Sie erhalten einen ersten strukturierten Überblick und können entscheiden, ob Sie die Beziehung verändern wollen und wo Sie anfangen könnten.

Es ist unerheblich, ob die Beziehung im beruflichen oder im privaten Umfeld stattfindet. Weiterhin ist es nicht relevant, ob es sich um eine interne, eine externe oder eine gemischte Verbindung handelt.

Ein Beispiel: Angenommen, ein Generalagent und ein Spezialist wollen die Zusammenarbeit im Außendienst professionell angehen – zum Wohle aller Beteiligten. Dann werden diese beiden ein „Mini-Konzept" erarbeiten, um den „Dualen Verkauf" zu praktizieren.

Die zu besprechenden Inhalte und zu bearbeitenden Themen werden nun nach dem „BOA-Prinzip" aufgezeigt und unterteilt:

1. BINDUNG

   Man kommt zusammen und bespricht den Sinn und die Vorteile der Zusammenarbeit für alle Beteiligten. Beide kommen überein, dass der „Duale Verkauf" gut vorbereitet werden muss. Man ist sich bewusst, dass die Zusammenarbeit im Detail geklärt werden sollte und für die gemeinsamen Kundenbesuche Vor- und Nachbesprechungen erforderlich sein werden. Es werden gemeinsam die notwendigen Terminreservierungen vorgenommen.

2. ORDNUNG

   Es hat eine Klärung und eine Einigung darüber stattgefunden, wer sich wann in welcher Rolle befindet. Weiterhin haben die Beteiligten besprochen, welche Aufgaben und welche Verantwortlichkeiten den Rollen zugeordnet werden sollten. Es gibt eine konkrete Vereinbarung, wie die Zusammenarbeit (gemeint sind die gemeinsamen Kundenbesuche) aussehen werden soll, und zwar in der Vorbereitung, in der Durchführung und in der Nachbereitung. Außerdem sind die Kundenselektion, die Terminierung sowie das gemeinsame Gespräch beim Kunden möglichst konkret geordnet.

3. AUSGLEICH

   Es kann hilfreich sein, im Vorfeld operativer Aktionen zu klären und zu besprechen, was man bereit, ist in dieses Konzept, in diese Maßnahme zu investieren. Es geht um Zeit, es geht um Know-how, es geht um finanziellen Aufwand und vielleicht noch um anderes mehr. Also klären Sie zum Beispiel diese Fragen:

- Was erwarte ich vom anderen?
- Was will ich vom anderen nicht?
- Was bin ich bereit zu geben?
- Wozu werde ich nicht bereit sein?
- Was sollte eventuell später besprochen oder geklärt werden?

Es ist äußerst hilfreich, diese Punkte im Vorfeld zu erörtern. Oftmals haben die Partner Erwartungen, von denen der andere entweder nichts weiß oder die er nicht zu erfüllen bereit ist. Dann entsteht sehr schnell Enttäuschung. Solche negativen Gefühle beeinträchtigen dann die weitere Zusammenarbeit.

Das Ausarbeiten einer Matrix hilft, die Dinge zu sortieren und den Überblick zu behalten, ein Beispiel:

	Vorbereitung	Durchführung	Nachbereitung
Was ist zu tun? Was ist das Thema?			
Wann ist was zu tun? Wie ist die Zeitplanung?			
Wo findet was statt? Die Orte, die Räume?			
Wie muss was sein? Auf welche Art und Weise?			
Wer ist wofür zuständig? Wer ist noch beteiligt?			
Wofür? Was ist der Zweck?			

Genauso wichtig wird es sein, sich nach der gemeinsamen Zusammenarbeit zum Erlebten auszutauschen. Auch hierzu ein Beispiel für eine mögliche Vorgehensweise:

	Zu bearbeitende Fragen	Notizen der Ergebnisse und Antworten	
		Eigene	Kooperations-partner
Inhaltsebene	Sind die richtigen Themen angesprochen worden? Sind die Interessen des Kunden berücksichtigt worden?		
Methodenebene	War die Struktur im Beratungsgespräch sinnvoll? Stimmten die Gesprächsanteile in den einzelnen Phasen?		
Prozessebene	Wie haben wir den Handlungsablauf, den Verlauf der Verhandlungen, und der Zusammenarbeit erlebt?		
Beziehungsebene	Wie sind wir miteinander umgegangen? Sind die gegenseitigen Erwartungen erfüllt worden?		

Folgende Fragen dienen einerseits zur Klärung und andererseits zum besseren Verständnis für zukünftige ähnlich gelagerte Projekte der Zusammenarbeit:

Was hatten wir uns vorgenommen?

....

....

....

Was ist davon gut gelungen?

....

....

....

Wo gab es Hindernisse oder Schwierigkeiten?

....

....

....

Wie konnten diese gelöst werden?

....

....

....

Welche bestehen heute noch?

....

....

....

Wie wollen wir damit umgehen?

....

....

....

Was ist sonst noch neues hinzugekommen?

....

....

....

Wie ist die weitere Vorgehensweise?

....

....

....

Somit haben Sie einen professionellen Bezugsrahmen zum gemeinsamen Verkauf auf verschiedenen Ebenen erarbeitet.

Einstieg

Darstellung der Beteiligten

Das Unternehmen
und sein
Unternehmenskonzept

Der Berater
und sein
Vertriebskonzept

Der Kunde
und sein
Lebenskonzept

In diesem Bild hat jeder der Beteiligten seine ureigenen Interessen, seine Wünsche und Ziele sowie seine Motive. Und trotz der unterschiedlichen Ausgangslagen können sie sich gegenseitig bedingen. Sie helfen und unterstützen im Umgang mit den Gegebenheiten des Lebens.

Territorien des Verkäufers und des Kunden

Die Gesprächsthemen lassen sich inhaltlich lokalisieren und geben dann einen Anhaltspunkt dafür, auf welchem Territorium man sich gerade befindet.

Folgende Punkte stellen ein Beispiel dar:

1. Bedarf des Kunden

2. Angebot des Verkäufers

3. Merkmale des Produktes

4. Vorteile des Produktes

5. Zusatzleistung des Verkäufers

6. Wettbewerber

7. Preis/Konditionen

8. sonstige Leistungen des Lieferanten

Gesprächsterritorien

Des Verkäufers (VK)   Des Kunden (K)

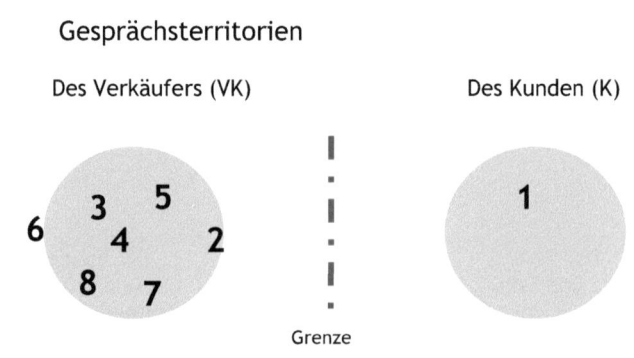

Grenze

Der Punkt 6 („Wettbewerber") liegt außerhalb des Gesprächsterritoriums des Verkäufers. Der Wettbewerb hat in der direkten Beziehung Verkäufer – Kunde, also Angebot – Nachfrage, keine direkte Bedeutung. Punkt 7 („Preis") ist die Entscheidung des Lieferanten (Tarife, Bedingungen). Die Konditionen sind abhängig von der Strategie, den Verwaltungskosten und der Preispolitik des Unternehmens. Alle Elemente des Gesprächs werden auf ihren Inhalt in Bezug auf das Gesprächsterritorium untersucht und entsprechend in der Grafik dargestellt. So kann man das gesamte Gespräch Verkäufer – Kunde festhalten.

Als nächstes kann man das Verkaufsgespräch zu einem Ganzen zusammenfassen und in einer Fläche (Gesprächsfläche Kurve g1) darstellen. So erhält man die Information über die Gesprächsschwerpunkte.

Gesprächsterritorien

Des Verkäufers (VK)   Des Kunden (K)

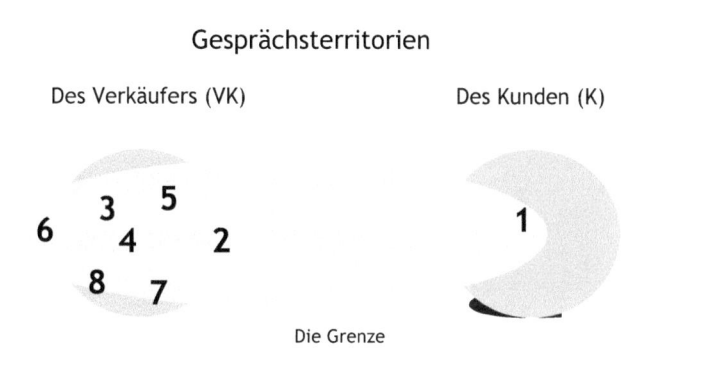

Die Grenze

In diesem Gespräch „berührt" der Verkäufer den Kunden überhaupt nicht, vielleicht, weil dieser ihn nicht hinein lässt. Das Resultat ist bekannt, es geht nur noch um den Preis, um Rabatte, um Konditionen, um das Produkt (und das kann der Kunde heute überall kaufen). Es besteht, selbst wenn der Kunde kauft, vielleicht sogar Stornogefahr. Die Lösung kann nicht heißen mehr zu verkaufen, die Schlagzahl zu erhöhen, schneller werden, ein weitere Produktschulung zu starten, nein es ist alles nur mehr vom Gleichen. Bei einem guten Verkäufer befindet sich die Thematik des Gesprächs im Territorium des Kunden. Damit spielt der Verkäufer eine andere Rolle und somit auch eine andere Bedeutung für den Kunden. Er ist kein Lieferant von Massenwaren (Produkten), sondern er kümmert sich um die Wünsche, die Ziele und die Vorhaben des Kunden, er ist beim Kunden angekommen. Komischerweise spielen dann Preise, Konditionen, Rabatte eine andere, eine untergeordnete Rolle und sind für die Kaufentscheidung nicht mehr ausschlaggebend.

Wie kann der Unterschied im Zusammenhang mit dem Verkaufserfolg und dem Gesprächsterritorium aussehen?

Folgende Punkte stellen ein Beispiel dar:

Gesprächsterritorien

Des Verkäufers (VK)   Des Kunden (K)

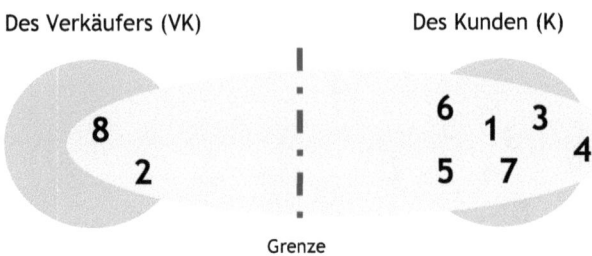

Grenze

1. Spezifikation des Bedarfs
2. Angebot des Verkäufers
3. Interessen des Kunden
4. Situation des Kunden
5. Pläne des Kunden
6. Bestehende Absicherung des Kunden
7. Interne Überzeugungen des Kunden
8. Preis

Der Spitzenverkäufer bewegt sich mit Zustimmung des Kunden voll auf dessen Gesprächsterritorium. Der Verkäufer, der nur Produkte anpreisen will, wird es wesentlich schwerer haben, um mittel- bis langfristig die gleichen Erfolge zu haben, wenn er es überhaupt so weit bringt. Entscheidend ist aber, dass der Spitzenverkäufer eine ganz andere Art der Kundenbeziehung aufbaut, und nicht mehr so schnell von Kunden ausgetauscht wird wie ein reiner Produktverkäufer.

❚ Quelle der Darstellung: Der Kundenmanager; W. Maderthaner

Beispiel:
Beratungsgespräch überwiegend im Kundenterritorium zum Thema Betriebliche Altersversorgung bei einem Unternehmer.

Gesprächsphase	Beispielformulierung (Inhalte/Themen)
Begrüßung/ Einstieg	Guten Tag Herr/Frau ...., wir haben uns getroffen, um die heutigen Möglichkeiten der betrieblichen Altersversorgung speziell in Ihrem Unternehmen zu besprechen.
Ergebnis, Vorgehensweise klären und vereinbaren	Ich möchte Sie heute über die aktuellen gesetzlichen Voraussetzungen informieren, damit Sie die damit verbundenen Auswirkungen einerseits für Sie als Unternehmer und andererseits für Ihre Mitarbeiter kennenlernen. Dadurch können Sie dann aktuell entscheiden, ob für Sie jetzt oder später Handlungsbedarf besteht. Ihr Einverständnis vorausgesetzt, zeige ich Ihnen die konkreten Einsparmöglichkeiten für Ihr Unternehmen einmal auf.
Analyse der Ist-Situation zum Thema	Wie viele Mitarbeiter haben Sie zurzeit beschäftigt? Wie viele Mitarbeiter nutzen derzeit die Entgeltumwandlung? Wie hoch ist der durchschnittliche Vorsorgebeitrag? Die Versorgungsquote in Ihrem Unternehmen beträgt demnach ..... Prozent.
Ziele und Vorteile der Soll-Situation	Die Liquidität Ihres Unternehmens liegt in Ihrem Interesse. Sie können zu Ersparnissen kommen, indem Sie eine Verbesserung der Versorgungsquote bei Ihren Mitarbeitern vornehmen. Hinzu kommt, dass Sie von Ihren Mitarbeitern und deren Familienangehörigen als ein sozial verantwortungsbewusster Arbeitgeber angesehen werden. Für Ihre Mitarbeiter öffnet sich die Chance auf eine bezahlbare und rentable Altersversorgung.
Ein Rechenbeispiel	Hier ein aktuelles Beispiel mit Zahlen (2011): Bei einem Aufwand von 100 Euro monatlich und einer Sozialabgabenersparnis von 20 Prozent ergibt sich zurzeit eine jährliche Liquiditätserhöhung von 240 Euro pro Mitarbeiter für Sie. Fünf Mitarbeiter nutzen in Ihrem Unternehmen zurzeit diese Mög-

Gesprächsphase	Beispielformulierung (Inhalte/Themen)
	lichkeit der Entgeltumwandlung. Das bedeutet für Sie eine Ersparnis der Lohnnebenkosten von 1.200 Euro. Sollten zum Beispiel 20 weitere Mitarbeiter sich für die Entgeltumwandlung entscheiden, ergibt dies einen Liquiditätsvorteil von 6.000 Euro für Sie, jedes Jahr. Herr/Frau ...., welche Fragen haben Sie dazu?
Weitere Vorteile für den Mitarbeiter	Ein Arbeitnehmer, der zur Finanzierung seiner Altersversorgung die Vorteiler der Entgeltumwandlung nutzt, die da sind in Form von Steuerersparnis, Sozialabgabenersparnis, Änderung durch das Bürgerentlastungsgesetz und Einbringung der vermögenswirksamen Leistungen, hat einen verschwindend geringen Eigenanteil zu erbringen.
Zusätzlicher Anreiz für den Mitarbeiter	Ein Arbeitgeber, der freiwillig mit der Hälfte der Sozialversicherungsersparnis (zehn Prozent) einen betrieblichen Beitrag als Anschubfinanzierung leistet, trägt maßgeblich dazu bei, dass der Mitarbeiter nach seinem aktiven Arbeitsleben die finanzielle Zukunft als Rentner gestalten kann.
Maßnahmenplan zur Umsetzung	Absprache des Konzeptes mit dem Ansprechpartner in Ihrem Hause (Personalbüro). Alle Mitarbeiter werden (obligatorisch) beraten (auch Inhaber einer bAV). Es finden Vier-Augen-Gespräche während der Arbeitszeit in firmeneigenen Räumen statt. Die Mitarbeiter werden von dem Vorhaben durch die Geschäftsleitung informiert. Nach der Aktion findet mit der Geschäftsleitung eine Abschlussbesprechung statt.
Ende	Zusammenfassung, Verabschiedung

Phasen eines Kunden ➡	Kontakt-phase	Informations-phase	Beratungs-phase	Entscheidungs-phase	Betreuungs-phase
Aktivitäten des Kundenberaters ➡	⬇ Verbindung herstellen	⬇ Themen bearbeiten	⬇ Ergebnisse finden	⬇ Zielorientiert arbeiten	⬇ Beziehung gestalten
Wie, wodurch?	Termin vereinbaren, möglichen Anlass oder Anlässe im Kunden-System, im Kunden-Umfeld oder in der Kunden-Umwelt suchen und definieren, Rahmendbedin gen für den Termin klären und vereinbaren,	Situations-Analyse des Kunden zum Thema vornehmen, bei Bedarf Problemanalys e durchführen, Zielanalyse, wo soll es hingehen, Potenzial-Analyse, nach Ressourcen schauen,	Wünsche Ziele und Interessen des Kunden erarbeiten, oder erfragen, hierzu alternative Lösungen evtl. gemeinsam erarbeiten, an Teillösungen denken,	sich für die beste Alternative von den Lösungsmöglichk eiten entscheiden, Konzept zur Umsetzung erstellen, geeignete Maßnahmen planen,	die After-Sales-Phase besprechen, weitere Vorgehensweis en klären, gegenseitige Erwartungen an die Betreuung thematisieren, in „losem" Kontakt bleiben, welche anderen Themen/Inhalte können da helfen,
Womit, Hilfsmittel, Rahmen-Bedingungen	Ziel ist der Termin, wenn möglich zur Vorbereitung ein systemisches Bild vom Kunden erstellen, Gespräch vorbereiten,	Das Territorium des Kunden betreten, dem Kunden Wertschätzung entgegenbringen, Ishikawa-Diagramm,	Lösung muss die Interessen des Kunden berühren, Vorteile, Nutzen und Auswirkungen nennen, WD-Strategie anwenden,	Entscheidungshilf en geben, evtl. Entscheidungsma trix erarbeiten, 6-W-Strategie anwenden, Zwischenziele definieren, Kontrolle,	Wünsche erfragen, wann man von welcher Seite Kontakt aufnimmt, was sonst noch als wichtig erachtet wird,
Wozu, weshalb?	Beratung ist persönlich, mit Gesicht, Produktverkauf kann telefonisch/elekt ronisch, ohne Gesicht sein,	Überzeugen Sie mit Sachkenntnis, Freundlichkeit und Sympathie, das schafft Vertrauen	Der Kunde, nicht der Berater, ist wichtig, spielen Sie nicht den Besserwisser, oder Bevormunder,	Helfen Sie dem Kunden, dass er eine Entscheidung treffen kann, denken Sie positiv in Möglichkeiten,	Kunden haben heißt Beziehungen haben, pflegen Sie diese immer wieder, das ist keine Einmalpackung,

Geschäftsbeziehungen knüpfen und pflegen

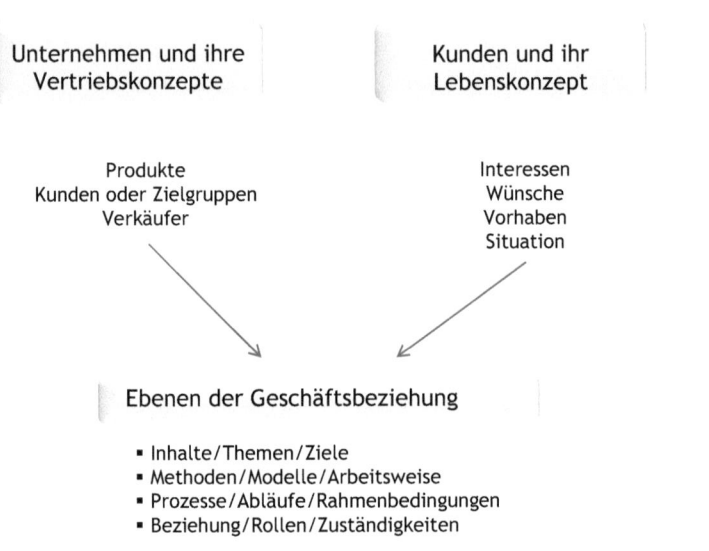

Unternehmen und ihre Vertriebskonzepte	Kunden und ihr Lebenskonzept
Produkte Kunden oder Zielgruppen Verkäufer	Interessen Wünsche Vorhaben Situation

Ebenen der Geschäftsbeziehung

- Inhalte/Themen/Ziele
- Methoden/Modelle/Arbeitsweise
- Prozesse/Abläufe/Rahmenbedingungen
- Beziehung/Rollen/Zuständigkeiten

Entwickeln, gestalten und kontrollieren Sie die Geschäftsbeziehungen auf allen vier Reflexionsebenen.

Situationsanalyse

Kunden und ihre Welt

Der Mensch hat einen Plan oder eine Vorstellung davon, wie sein Leben aussehen soll und erstellt sich ein Konzept, er konstruiert seine Wirklichkeit, seine Welt.

In seinem Lebenskonzept wird er sich in drei unterschiedlichen Feldern aufhalten und verschiedenen Aktivitäten nachgehen. Da ist zum einen das Arbeitsfeld, also der berufliche Anteil, dann zum zweiten das private Feld, also der Bereich der Verwandtschaften, Bekanntschaften, Freundschaften, als dritte sei das Hobbyfeld genannt. In dem wird allein oder mit Gleichgesinnten die Zeit mit verschiedenen Freizeitaktivitäten verbracht.

Alle diese drei Bereiche oder Felder sind nicht statisch, sondern sehr flexibel, anpassungsfähig bzw. variabel. Nichts bleibt hier so, wie es heute ist. Und doch möchte man zu einem bestimmten Zeitpunkt die vorhandene Situation in den drei Feldern oder zumindest in einem davon beherrschen bzw. beibehalten und kontrollieren. Dafür muss man dann vorgesorgt haben und versorgt sein.

Das Versorgungskonzept, welches sich ein Mensch dafür zurecht gezimmert hat, schlummert in der Verborgenheit, es tritt erst in Erscheinung, wenn der Fall X eingetreten ist, erst wenn in einem der Felder ein Versorgungsfall, ein Versicherungsfall eingetreten ist. Dann ist zu erkennen, ob meine Interessen, meine Wünsche, meine Ziele mit Hilfe meines Versorgungsplanes noch zu realisieren sind.

Ergo ist der Erhalt meiner Gesundheit und der Erhalt meines Lebensstandards in all meinen Lebensphasen ein enormer Beweggrund, etliches dafür zu tun.

Nun verläuft das Leben aber sehr dynamisch und bisweilen paradox ab. Für den einen etwas ruhiger, für andere etwas turbulenter. Auch beeinflussen oder vorhersagen kann man ja nicht alles. Für die meisten ist es eben manchmal so und manchmal wieder so. Das Leben ist ständig von neuen und wieder anderen unterschiedlichen Reizen von außen her betroffen und berührt. Die Frage ist, wie man damit umgehen kann und will.

Die Flussmetapher von Antonovsky ist ein schönes Beispiel dafür. Er meint, dass jeder Mensch von Geburt an bis zum Tod in einem Fluss schwimmt. Dessen Verlauf kann aber ganz unterschiedlich sein. An manchen Stellen gibt es Stromschnellen, dann Wasserfälle oder starke Strömungen, oder sogar Sturmfluten. Der Mensch muss nun die Situation analysieren, um dann entsprechend handeln zu können. Er muss all seine Ressourcen mobilisieren und aktivieren, um unbeschwert weiter durch den Fluss schwimmen zu können. An anderen Stellen ist der Fluss ruhig und man kann sich geruhsam die Umgebung anschauen und neue Energie tanken. In diesen Phasen können wieder Vorsorgemaßnahmen planen, denn das hilft uns, über schwierige Zeiten hinweg zu kommen.

Es ist nun wichtig zu erkennen, wann man sich ausruhen kann und wann nicht. Man muss sich also der Umwelt in gewissem Grade anpassen. Je besser ein Mensch mit den verschiedenen Situationen umgehen und sie richtig einordnen kann, desto mehr Freude wird er am Leben haben.

Wer einmal über den Nil gefahren ist, der hat erlebt, wie unterschiedlich der Fluss sein kann, wie sich die Landschaften und die Ufer auf dieser Reise komplett verändern. Entscheidend für unsere Art des Versorgens und des Vorsorgens ist eine individuelle allgemeine Einstellung und Einschätzung der jeweiligen dynamischen Situation.

*Quelle: Amerikanisch-israelischer Medizinsoziologe

Es ist also die Grundhaltung eines Menschen gegenüber seinen Mitmenschen und seiner Umgebung. Diese ist durch soziale, historische, kulturelle, aber auch individuelle Bedingungen geprägt. Durch die verschiedenen Lebenserfahrungen sind die Grundhaltungen unterschiedlich und bei jedem Menschen anders.

Somit soll das Versorgungskonzept helfen, den erwünschten Lebensstandard in unterschiedlichen Lebenssituationen abzusichern. Das bedeutet auch, dass das Versorgungskonzept meine jetzige Situation, meine Wünsche und Ziele sowie meine Vorhaben für die Zukunft gleichermaßen berücksichtigt. Weiterhin muss es mit Produkten ausgestattet sein, die mit Bedingungen versehen sind, welche mir im Falle eines Falles auch entsprechend helfen werden. Und drittens sollten die gesetzlichen Rahmenbedingungen ebenso Berücksichtigung finden.

Da die Menschen unterschiedliche Voraussetzungen und unterschiedliche Rahmenbedingen dafür besitzen, ihr Leben zu meistern, sind auch die Möglichkeiten, die Chancen, und die Risiken sehr individuell. Suchen wir nach Möglichkeiten. Das ist unsere Chance.

Frage an den Kunden:

> Was wäre, wenn Sie die Möglichkeiten nutzten, die Sie sähen, wenn Sie dächten, dass Sie könnten?
>
> Was wäre dann?
>
> Wie sähe Ihr Versorgungskonzept dann aus?

Kunde und Versorgungskonzept

Für eine Privatperson kann man zwei Konzepte definieren:

Konzept A: Hier handelt es sich um die Dinge, die mit mir oder mit meinen Angehörigen als Person/Personen zu tun haben.

Konzept B: Hierunter sind die Dinge zu verstehen, die allgemein als Sachen bezeichnet werden.

Zu A: Dieses Konzept soll mir helfen, meinen erwünschten Lebensstandard in unterschiedlichen Lebenssituationen abzusichern.

Zu B: Dieses Konzept soll mir helfen, die erworbenen Sachen und Güter, die mir lieb und teuer geworden sind zu erhalten bzw. neu zu beschaffen.

In beiden Fällen muss der Kunde als Experte für seine jetzige Situation und für seine Vorhaben und Ziele sein eigenes Vorsorgekonzept erstellen. Der Verkäufer, der Berater, kann ihm dabei helfen eine Entscheidung zu treffen.

Eine bewährte Vorgehensweise ist, sich seine persönliche Situation anzuschauen, diese zu analysieren und diese dann als **Ist-Situation** zu beschreiben. Danach stelle man sich die gewünschte Situation vor und beschreibe diese als **Soll-Situation**. Im dritten Schritt der Bearbeitung betrachte man die Unterschiede zwischen beiden und definiere diese als **Differenz**. Somit hat man einen möglichen **Bedarf** ermittelt. Jetzt gilt es zu prüfen, welche der Situationen für mich durch ihre Bedeutung einer Lösung bedürfen. Dann gilt es hierfür alternative **Lösungen** zu erarbeiten, abzuwägen und zu entscheiden. Weiterhin besteht die Möglichkeit einer Teillösung den Vorzug zu geben, wenn die Gesamtlösung zu Zeit nicht umsetzbar ist.

Denkbare Schlüsselfragen zum Versorgungskonzept

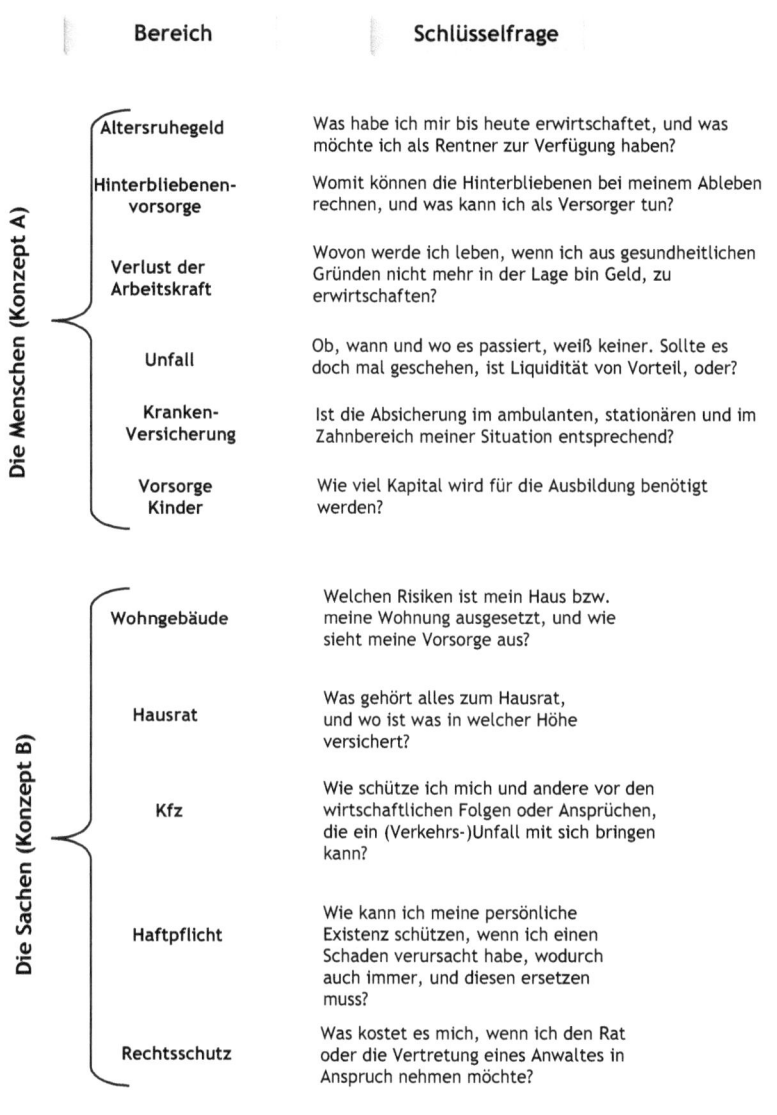

Bereich	Schlüsselfrage
Altersruhegeld	Was habe ich mir bis heute erwirtschaftet, und was möchte ich als Rentner zur Verfügung haben?
Hinterbliebenen-vorsorge	Womit können die Hinterbliebenen bei meinem Ableben rechnen, und was kann ich als Versorger tun?
Verlust der Arbeitskraft	Wovon werde ich leben, wenn ich aus gesundheitlichen Gründen nicht mehr in der Lage bin Geld, zu erwirtschaften?
Unfall	Ob, wann und wo es passiert, weiß keiner. Sollte es doch mal geschehen, ist Liquidität von Vorteil, oder?
Kranken-Versicherung	Ist die Absicherung im ambulanten, stationären und im Zahnbereich meiner Situation entsprechend?
Vorsorge Kinder	Wie viel Kapital wird für die Ausbildung benötigt werden?
Wohngebäude	Welchen Risiken ist mein Haus bzw. meine Wohnung ausgesetzt, und wie sieht meine Vorsorge aus?
Hausrat	Was gehört alles zum Hausrat, und wo ist was in welcher Höhe versichert?
Kfz	Wie schütze ich mich und andere vor den wirtschaftlichen Folgen oder Ansprüchen, die ein (Verkehrs-)Unfall mit sich bringen kann?
Haftpflicht	Wie kann ich meine persönliche Existenz schützen, wenn ich einen Schaden verursacht habe, wodurch auch immer, und diesen ersetzen muss?
Rechtsschutz	Was kostet es mich, wenn ich den Rat oder die Vertretung eines Anwaltes in Anspruch nehmen möchte?

Die Menschen (Konzept A) — Altersruhegeld, Hinterbliebenenvorsorge, Verlust der Arbeitskraft, Unfall, Kranken-Versicherung, Vorsorge Kinder

Die Sachen (Konzept B) — Wohngebäude, Hausrat, Kfz, Haftpflicht, Rechtsschutz

Komfortzone des Kunden

Jeder Mensch hat seine eigene – nett eingerichtete – Komfortzone, der Verkäufer wie auch der Kunde.

Es ist der Bereich, in dem wir uns gesättigt und zufrieden, stark und zuversichtlich, sicher und gemütlich, gerettet und zufrieden gestellt fühlen. Man hat sich „eingerichtet".

Viele bewegen sich dann, vielleicht für den Rest des Lebens, wenn es geht, nur noch in dieser Zone, in diesem Territorium. Man hat ja das Wissen davon, was, wie, wann, wo so oder so funktioniert und geht. Es ist ein bisschen so wie auf einer eigenen kleinen Insel. Hier ist man heimisch, kommt zurecht, und alles andere, was es sonst noch so gibt, braucht man nicht unbedingt und will es dann auch nicht mehr kennen lernen.

Hier fühlen wir uns sicher und geborgen. Alles andere ist unbekannt und auch nicht nötig. Wofür auch? Manche Menschen mögen ja von Zeit zu Zeit renovieren, streichen, umbauen oder auch austauschen. Solange das jedoch innerhalb der Komfortzone passiert, ist nicht wirklich etwas passiert. Man schmort oder brodelt lediglich im „eigenen Saft".

Nein! Über den Tellerrand zu schauen, ist etwas anderes. Gemeint ist – die Komfortzone verlassend –, mutig, ohne das Ergebnis bereits konkret vorhersagen zu können, oder zu wissen, sich auf ein Abenteuer mit einem Risiko einzulassen, die Komfortzone Stück für Stück erweitern und sie nicht nur „von innen" pflegen. Spannung und Unsicherheit werden hier die Wegbegleiter sein. Die größte Chance aber ist die Möglichkeit des persönlichen Wachstums, denn nur außerhalb der Komfortzone ist dies wirklich machbar. Das ist für viele heutzutage nicht so leicht, aber es geht nicht anders, wenn sich wirklich etwas tun soll, wenn Innovation gewünscht ist. Wer sich einigelt, die Augen verschließt oder meint, es gehe alles so weiter, kann sich schnell verschätzt haben, wie die Metapher von den Pelikanen zeigt.

Komfortzone des Kunden

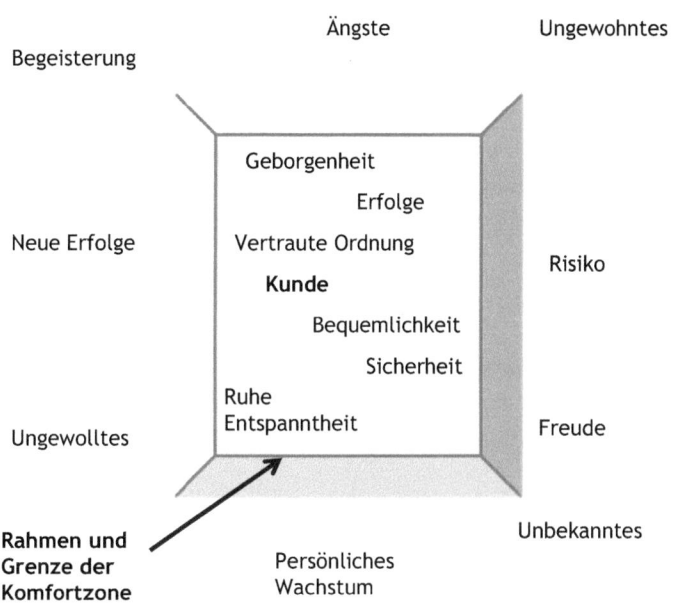

Vor einigen Jahren kam es in einer Stadt an der Westküste der Vereinigten Staaten zu einer Krise in der Welt der Pelikane. Es schien, dass diese Stadt ein Paradies für Pelikane geworden war, weil die Fischer nach dem Reinigen ihrer Netze die Überbleibsel den Pelikanen hinwarfen. Als Folge davon wurden die Pelikane selbstzufrieden, fett und bequem – sie waren von den Resten, die sie von den Fischern abbekamen, abhängig geworden.

Nach einiger Zeit wurden jedoch neue Wege gefunden, die Innereien der Fische kommerziell zu nutzen. Das führte dazu, dass die „armen" Pelikane kein kostenloses Futter mehr erhielten. Die Pelikane unternahmen aber keine Anstrengungen mehr, selbst Fische zu fangen. Sie bemühten sich einfach nicht um Nahrung; sie warteten einfach nur, wie gewohnt. Als Folge wurden sie dünn und schwach. Viele von ihnen starben den Hungertod.

Sie hatten verlernt, wie sie selbst Fische fangen konnten – sie waren in ihrer künstlichen Komfortzone passiv, lethargisch und selbstzufrieden geworden.

Bestimmt gibt es auch Kunden, die sich in ihrer persönlichen Komfortzone eingerichtet haben, und alles so lassen wollen, wie es ist. Das kann ein momentaner Zustand oder ein Dauerzustand sein. Alles ist möglich. Und egal, was es ist: Es kann sich auch wieder ändern.

Der Verkäufer befindet sich während des Kundenbesuchs in seinem Arbeitsfeld und besucht den Kunden in der Regel innerhalb seiner Komfortzone aber im Privaten Feld (zu Hause). Der Kunde lebt, wie jeder andere Mensch auch, in seinem **System** in unterschiedlichen Feldern und besetzt in diesen Feldern dann unterschiedliche Rollen, wie im folgenden zu sehen ist:

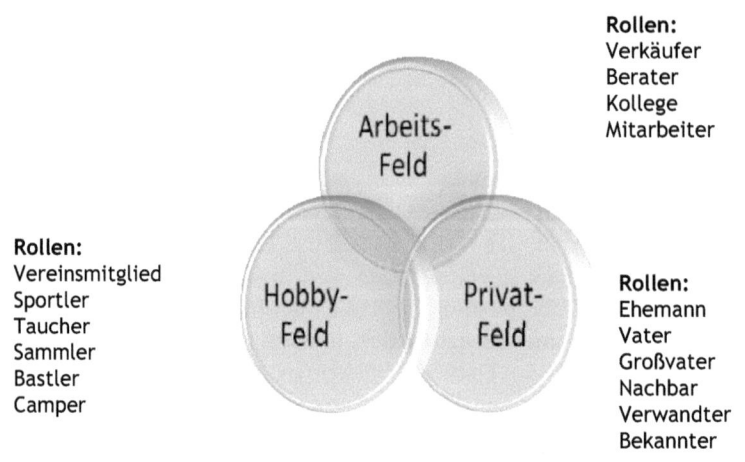

Rollen:
Verkäufer
Berater
Kollege
Mitarbeiter

Rollen:
Vereinsmitglied
Sportler
Taucher
Sammler
Bastler
Camper

Rollen:
Ehemann
Vater
Großvater
Nachbar
Verwandter
Bekannter

Ein systemisch konstruktivistischer Berater weiß, wo er heute steht und hat den Blick in die Zukunft gerichtet. Bei vielen Menschen ist das nicht so, viele befinden sich in ihren Gesprächen oft in der Vergangenheit. Das ist weiterhin nicht tragisch, doch als Berater muss ich mich fragen. Für welche Zeit will ich denn beraten? Vergangenheit, Gegenwart oder für die Zukunft? Ihnen muss klar sein, dass Sie die Vergangenheit nicht mehr beeinflussen können.

Auch etliche Verkäufer, Berater oder Verhandler agieren oftmals vergangenheitsorientiert, ohne zu wissen, wozu. Manche Personen schaffen es sogar, sich bis zu 80 Prozent des Gesprächs mit der Vergangenheit zu beschäftigen. „Zu welchem Zweck?", frage ich mich, denn meistens wird die Vergangenheit für die Gestaltung der Zukunft nicht gebraucht. Allerdings gibt es selbstverständlich Ausnahmen.

Also versuchen Sie, die Gespräche im Arbeitsfeld zielgerichtet und ergebnisorientiert zu führen, und nur wenn es unbedingt notwendig ist, in die Vergangenheit zu gehen. Das macht Gespräche effektiver. Zielgerichtet bedeutet, den Blick in die Zukunft zu lenken, sich vorzustellen, wo der Kunde ankommen möchte, zu erahnen, wie das Ergebnis aussehen sollte. Ein Ziel erreichen zu wollen, bedeutet, dass Sie sich in Gang setzen, dass Sie aktiv werden. Wenn dieses dann selbstbestimmt und nicht fremdbestimmt geschieht, nennt man es „Pro-Aktiv" sein; andernfalls wäre es „Re-Aktiv". Die Energie wird in die Zukunft gerichtet.

Wenn Sie irgendwo hin wollen, müssen Sie allerdings wissen, wo Sie sich gerade befinden. Wer von Köln nach München will, muss wissen, wo Köln ist. Auch ein Navigationssystem könnte Sie ja nirgendwo hinbringen, wenn es nicht wüsste, wo Sie sich gerade befinden. Für die Beratung bedeutet das: Die Ausgangslage muss analysiert werden, und die befindet sich in der Gegenwart. Wenn Sie die Fakten der Gegenwart sammeln, betreiben Sie eine Ist-Analyse. Wichtig ist in dieser Phase, dass die Informationen lediglich gesammelt und nicht im Vorfeld schon bewertet werden. Meistens stehen die Informationen nämlich noch „solo" dar, isoliert, ohne Zusammenhang.

Beispiel: Ein Außendienstmitarbeiter sagt im Seminar zu mir: „Meine Zahlen sind in Ordnung". Unklug wäre es jetzt, diese Wertung kommentarlos hinzunehmen, denn was sagt diese Aussage schon aus? Wie darf ich das denn verstehen, die Zahlen sind in Ordnung, in Bezug auf was denn? Sind die Zahlen in Ordnung in Bezug auf meine Erwartungen oder die eines anderen? Sind die Zahlen in Ordnung in Bezug auf die Möglichkeiten, die Gegebenheiten, die Rahmenbedingungen, die ich vorfinde? Oder sind die Zahlen in Ordnung in Bezug auf meine Fähigkeiten, Fertigkeiten oder sonstigen Ressourcen? Sind die Zahlen in Ordnung, weil die Erwartungen zu hoch oder zu niedrig angesetzt wurden? Also: Ob die Zahlen in Ordnung sind, kann erst bewertet werden, wenn sie in einem Kontext stehen. Isoliert sagt diese Feststellung wenig aus. Deshalb: Bewerten bzw. vorverurteilen Sie Informationen nicht zu früh.

In den meisten Fällen benötigen Sie die Vergangenheit nicht. Also überlegen Sie, worauf Sie gemeinsam mit Ihrem Gesprächspartner die Konzentration lenken möchten. Bei vielen Menschen ist es auch ein nicht bewusstes Abdriften aus dem „Hier und jetzt" in ein „Dort und damals". Es werden dann alte Zeiten, alte Geschichten und „olle Kamellen" aufgewärmt. Dabei kann man sich dann so schön aufhalten und die Inhalte werden wie ein Pizzateil immer weiter auf- und ausgerollt. Das Ganze hat sogar noch einen Nutzen für die Beteiligten: Da man sich ja in der Vergangenheit, welche man bekanntlich nicht mehr beeinflussen kann, aufhält, braucht man auch anschließend auch nicht wirklich etwas zu tun. Es entstehen keine Absprachen oder Verpflichtungen daraus. Andererseits wird die Energie gebunden und steht nicht für das Denken an Lösungen zur Verfügung. Die Gestaltung der Zukunft mit dem Blick aus der Gegenwart tritt in den Hintergrund zugunsten eines Small Talks oder auch einer rechthaberischen Rekonstruktion der Vergangenheit. Die Beweggründe hierzu sind unterschiedlicher Natur. Manche Menschen wollen noch im Nachhinein sozusagen Recht bekommen oder nachträglich anderen Schuldgefühle machen. Oder man möchte – bewusst oder unbewusst – von eigenen Unzulänglichkeiten ablenken. Noch einmal: Gehen Sie nur, wenn Sie es begründen können, in die Vergangenheit. Achten Sie darauf, sich nicht durch Dritte ungewollt in die Vergangenheit schicken zu lassen.

Möglicherweise können Sie folgender Struktur folgen:

1. Wie ist die Situation? (Gegenwart): Analyse der Ist-Situation

2. Wo wollen Sie hin? (Zukunft): Beschreibung der Soll-Situation

3. Wie kommen Sie dahin? (Umsetzung): Maßnahmen und Aktionen

Zum Thema fragen, aber in welche Richtung will ich suchen (Vergangenheit oder Zukunft), sind im Kapitel „Das Kundengespräch, Fragen sind Türöffner – Beispiele zu problemorientierten und lösungsorientierten Fragen" dargestellt.

Systemisch betrachtet

System eines Privatkunden

1. Analyse der Elemente im Kundensystem

2. Analyse des Umfeldes des Kunden

3. Analyse der Umwelt des Kunden

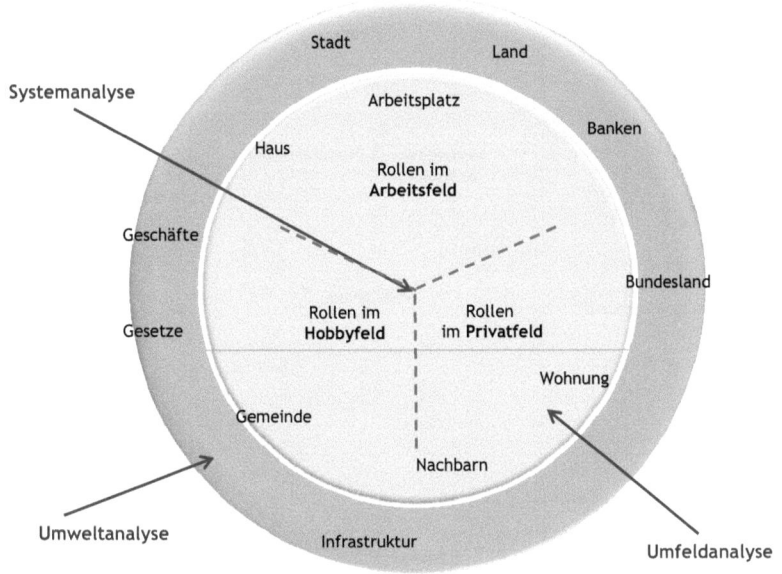

Analysieren und beraten Sie den Kunden in seinem gesamten System, ansonsten macht es Ihr Wettbewerber.

System eines Firmenkunden

1. Analyse der Elemente im Kundensystem

2. Analyse des Umfeldes des Kunden

3. Analyse der Umwelt des Kunden

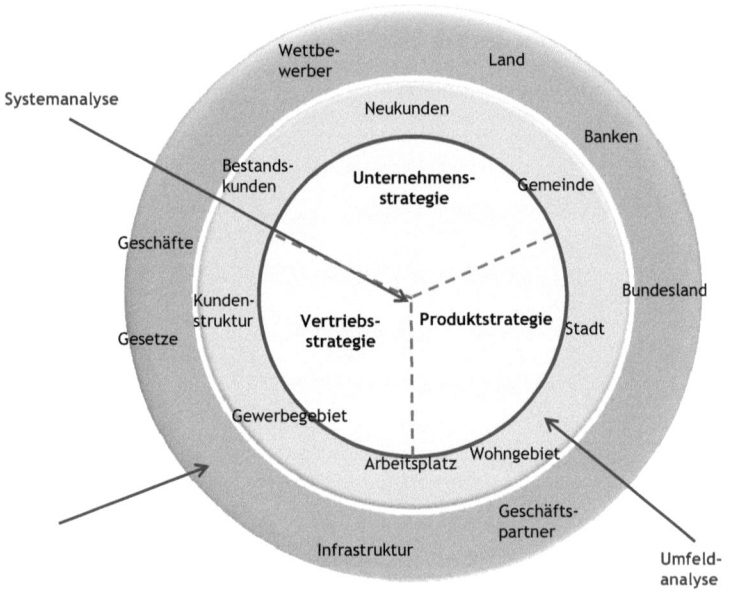

Was ist ein System?
Ein System besteht aus Elementen.

Diese stehen in unterschiedlichen Beziehungen zueinander.

Dies sagt etwas über die Struktur aus.

Es gibt eine Systemgrenze, an der das Umfeld des Systems angrenzt und Einfluss auf das System nimmt.

Weiterhin ist alles mit der Umwelt verbunden oder in die Umwelt integriert, was ebenso Einfluss ausübt.

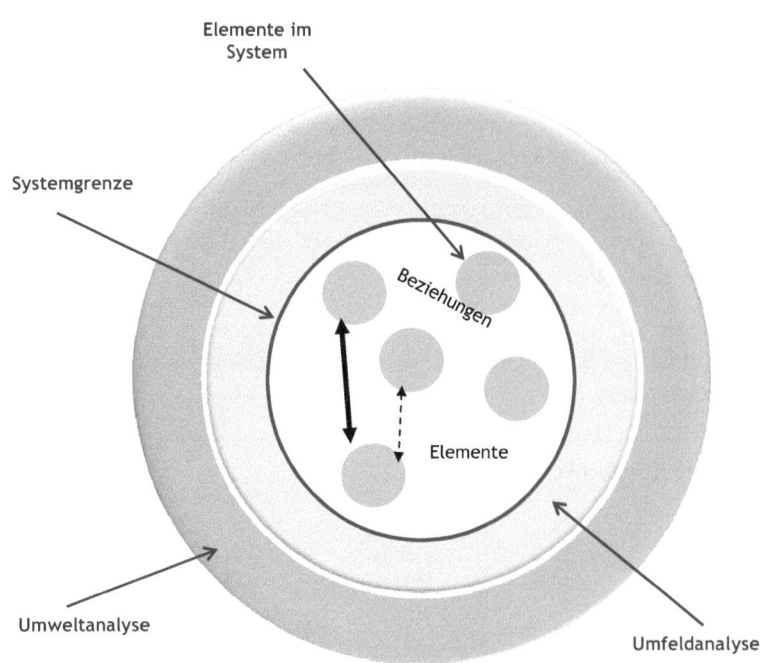

Systemischer Berater

Die Denk- und Arbeitsweise eines Beraters mit systemischer Betrachtungsweise lässt sich wie folgt beschreiben:

Systemische-konstruktivistische Beratung ist kundenorientiertes Arbeiten zu Fragen im beruflichen Kontext mit dem Ziel einer gemeinsamen Problemlösung.

Die Arbeitsweise ist gekennzeichnet durch ressourcen- und lösungsorientierte Methoden im Tätigkeitsfeld des Kunden. Der Kunde ist Experte für seine Probleme und Lösungen. Der Berater ist Experte für den Weg zum

Finden der Lösung. Das bedeutet: Der Berater spricht nur auf ausdrücklichen Wunsch des Kunden konkrete Empfehlungen aus. Vielmehr ist er Hilfe zur Selbsthilfe und stellt zweckdienliche Unterstützung in Form von Produkten, Methoden oder anderen Dienstleistungen zum Erreichen der Kundenziele zur Verfügung. Man arbeitet also gemeinsam daran, neue Wege zu gehen, Lösungen zu finden und Chancen zu nutzen.

Systemisches Arbeiten ist ziel- und ergebnisorientiert und anhand konkreter, mit Kunden erarbeiteten Zielkriterien überprüfbar.

Eine wichtige Voraussetzung ist die innere Haltung und Grundeinstellung des Beraters. Der Profi zeichnet sich dadurch aus, dass er beraten kann, ohne Ratschläge zu erteilen.

Eigene Ideen einbringen zu können, ohne zu bevormunden, so dass der Entscheidungsspielraum beim Kunden bleibt, ist Teil der sozialen Kompetenz eines Beraters.

Darstellung der Kernkompetenzen

	Das sollten Sie wissen	Das sollten Sie können	Beziehungen gestalten	Persönliche Ressourcen
Fachliche Kompetenz	Allgemeines Theoretisches Produktwissen			
Methoden Kompetenz		Modelle Strukturen Prozesse		
Soziale Kompetenz			Kommunikation Der Umgang mit Anderen	
Persönlichkeits-Kompetenz				Einstellungen, Werte, Fähigkeiten

Wie komme ich an den Tisch des Kunden?

Wer stellt mit wem in welcher Form eine Verbindung her? Wie kommt der Kontakt zustande? Das sind die ersten Fragen, die es zu klären gilt. Investieren Sie in Ihre Vorbereitung. Es lohnt sich. Wenn Sie bereit sind vorzudenken, benötigen Sie später weniger Zeit, um nachzudenken.

Fragenbeispiele:

■ Handelt es sich um einen

   – Fremdkunden oder Bestandskunden?
   – Privatkunden oder Unternehmerkunden?

■ Worüber will ich den Kunden beraten?

■ Welche Themen beinhaltet meine Beratung?

■ Welche Dienstleistung kann der Kunde wahrnehmen?

■ Wie gestalte ich die Kontaktaufnahme?

■ Terminiere ich selbst oder ein Dritter?

■ Wo liegen die möglichen Interessen meines Gesprächspartners?

■ Welche Informationen habe ich oder benötige ich von meinem Gesprächspartner?

Wer nimmt mit wem Kontakt auf?

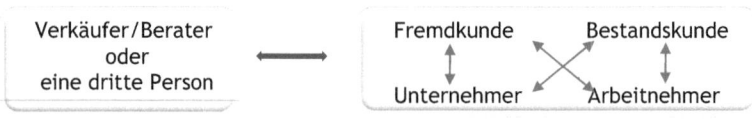

Womit wollen Sie den Kunden reizen? Wofür interessiert sich der Kunde?

Auf jeden Fall interessiert sich der Kunde für sich selbst. Vielleicht kennen Sie das Verhalten der Leute, wenn sie auf ein Gruppenfoto schauen? Jeder fragt sich: „Wo bin ich?"

Also: Ihre Produkte üben zwar auch einen Reiz aus, aber der gute Verkäufer macht das anders, so zum Beispiel:

Verkaufen Sie bitte keine BESEN, verkaufen Sie **SAUBERKEIT**, das wollen die Kunden, das Produkt ist nur Mittel zum Zweck!

Ebenso wichtig ist, dass Sie eine positive Formulierung wählen, weil dies angenehme Gefühle auslöst, das ist viel sympathischer, wie zum Beispiel:

Die Sache	positive Formulierung	negative Formulierung
Besen	Sauberkeit	kein Dreck
Creme	glatte Haut	keine Falten
Arbeitsergebnis	alles richtig	kein Fehler
Betriebliche Versorgung	Liquiditätserhöhung	Kostenersparnis
Rentenversicherung	Differenz ermitteln	Lücken berechnen
Die Lösung	bietet Sicherheit	ist kein Risiko

Terminierungskonzept in 7 Schritten

	1	2	3	4	5	6	7
Die Bausteine	Die Art Die Form wählen	Allgemeine Anlässe beschreiben	Konkrete Anlässe analysieren	Die Inhalte und die Themen definieren	Positive Auswirkungen für den Kunden	Negative Auswirkungen bei Informations-Defizit	Welches Ziel kann der Kunde erreichen?
Die Beschreibung	telefonisch schriftlich elektronisch persönlich	zum Beispiel: Versorgungs-Konzepte Überprüfen aktualisieren	zum Beispiel: Aktuelle Änderungen bei Produkte, Gesetze, Bedingungen, Kunden-Situation	Welche Themen-Bereiche werden durch den Anlass berührt?	Konkrete Beschreibung der Vorteile für den Kunden durch die Beratung	Welche Nachteil hat der Kunde, wenn alles so bleibt?	Was hat der Kunde für Beweggrund für meine Empfehlung?
Die Umsetzung	verfassen planen umsetzen Kontrolle Frage: Wer terminiert?	beschreiben: Worum geht's? Fremd- oder Bestandskunde?	beschreiben: Womit wollen Sie reizen?	Bedenken: Der Anlass ist nicht das Thema, es ist nur der Anlass!	Kann der Kunde seine Vorteile erkennen, oder finden, in dem was Sie empfehlen?	Nur ansprechen, wenn der Kunde eine Hilfe zur Entscheidung benötigt	Die Antwort auf die Frage des Kunden: Was habe ich davon?

Sind Sie bemüht, auf möglichst viele dieser Felder innerhalb der sieben Schritte konkrete Aussagen formulieren zu können. Danach können Sie dazu übergehen, Ihre Beiträge in einer Struktur stichwortartig zusammenzufassen und an Rahmenbedingungen der Besprechung zu denken. Ein motivierender Gesprächsleitfaden mit den entsprechenden Phasen folgt.

Kontakt- und Termingespräch

Phasen	Inhalte	
Ankommen Kontaktaufnahme	Begrüßung, Verbindung herstellen, Vorstellung der Person, Rolle und Herkunft nennen	Wie heiße ich? Wer bin ich? Woher komme ich? Wen möchte ich sprechen?
Andocken Der Einstieg	Bei gewünschtem Gegenüber Anlass und mögliches Interesse am Thema artikulieren, bzw. klären, Vorteile und positive Auswirkungen meiner Beratung, meiner Informationen nennen	Was habe ich konkret in welcher Form vor? Was hat der Gesprächspartner davon?
Abarbeiten Ergebnis erreichen	Konkreten Termin mit der (den) richtigen Person(en) vereinbaren, entsprechend günstige Rahmenbedingen und notwendige Vorbereitungen klären	Ort: Wo findet was statt? Zeit, Zeitpunkt und Zeitbedarf? Wer muss anwesend sein? Wer muss was vorbereiten?
Abrunden Die Vereinbarung	Zusammenfassung, Wiederholung relevanter Punkte, verbindliche Vereinbarungen als Ergebnis anstreben, Klären, was soll geschehen, wenn sich einer nicht dran halten kann	Wer, was, wann, wie, wozu und mit wem? Was ist, wenn sich einer nicht dran halten kann?
Abschluss Beenden	Verabschiedung	Unabhängig vom Ergebnis: Immer freundlich bleiben!

Und noch was: Weiterhin ist es denkbar, dem Gesprächspartner als Entscheidungshilfe die möglichen Nachteile und negativen Auswirkungen bei einer Nichtberatung vor Augen zu führen. Sollte dies notwendig sein, sprechen Sie ihn bitte nicht direkt an, sondern führen Sie Dritte an, wie zum Beispiel: „Sicherlich kann _man_ sich vorstellen, dass, wenn _jemand_ so oder so, dass dies dann negative Auswirkungen zur Folge hat, aber _wer_ will das schon, deshalb ...." Man sagt, bei dieser Methode leihen Sie dem Gesprächspartner ein Gesicht und helfen, dass er sich nicht bloß gestellt fühlt, das Selbstwertgefühl bleibt erhalten.

▌▌ Wie komme ich an den Tisch des Kunden?

Sie haben sich optimal vorbereitet, sowohl in der Sache, wie auch als Person, Sie haben das Gespräch durchgeführt und ....?

Der Gesprächspartner reagiert anders als erwartet!

Was nun? Ihre jetzige Antwort, Ihre folgenden Aussagen, Ihre kommenden Äußerungen offenbaren Ihre Einstellung zum Kunden. Sie sagen etwas über Ihre Grundhaltung zum Gesprächspartner aus.

Zeigen Sie Ihrem Gegenüber Wertschätzung und nicht Geringschätzung, indem Sie erlauben, dass er eigene Gedanken haben darf. Erlauben Sie Ihrem Gesprächspartner, die Dinge durch seine Brille sehen zu dürfen. Sind Sie „groß-großzügig". Das zahlt sich aus. Bleiben Sie freundlich und in der Wirkung sympathisch. Spielen Sie nicht den Besserwisser. Nehmen Sie den Kunden ernst. Plappern Sie keine auswendig gelernten, abgedroschenen Phrasen herunter, die der Kunde möglicherweise schon oft von anderen gehört hat. Fragen Sie sich statt dessen lieber, welche Informationen die Aussage des Kunden enthält, und was Ihr Anteil daran ist, dass der Kunde so reagiert. Wie weit haben Sie die Antworten verursacht? Was ist Ihr Anteil daran?

Was ist jetzt Ihr Ziel?	Erfahren und erkennen, was die Person wünscht, _nicht_, was sie nicht will!
Wozu wollen Sie das?	Weil Sie im Gespräch bleiben wollen und weil erst danach eine Empfängerorientierte Aussage möglich ist!
Wie machen Sie das?	Mit Aussagen, wie mit Fragen, auch mit Annahmen und Vermutungen, Sie müssen es nur betonen, dass es sich zum Beispiel um eine Hypothese oder ähnliches handelt. Fragen Sie nach Interessen und Wünschen, fragen Sie zur Situation, fragen Sie in die Zukunft und nach Alternativen oder Ausnahmen, denken Sie in Möglichkeiten, nicht in Problemen.

Wie komme ich an den Tisch des Kunden?

Was Sie vermeiden sollten:

Ob der Gesprächspartner in Ihren Augen einen Vorwand oder einen Einwand äußert, ob der Kunde Tatsachen nennt oder sich einer Ausrede bedient, ist nicht so wichtig. Wenn Sie der Versuchung erlegen sind, dieses zu erkunden, wenn Sie also versuchen, dahinter kommen zu wollen und den Kunden dann enttarnen, so nach dem Motto „hab ich dich erwischt", kann der Kontakt ganz schnell zu Ende sein, noch bevor er überhaupt richtig begonnen hat.

Fazit: Den Kunden nicht bloß stellen!

Hier einige Beispiele konstruktiver Fragen, die weiterhelfen können:

> Würde es Sie interessieren, wie sie mit Hilfe von .... anschließend .... erreichen können?
>
> Angenommen, Sie wollten sich zum Thema ....aktuelle Informationen einholen, wie würden Sie da vorgehen?
>
> Wer oder was könnte Sie dazu veranlassen ....?
>
> Welcher Umstand müsste für Sie gegeben sein, damit ....?
>
> Wie darf ich das verstehen?
>
> Welche Informationen/Fakten benötigen Sie, wären hilfreich, um ...?
>
> Welche Rahmenbedingungen/Umstände müssten gegeben sein, damit ....?
>
> Was wäre geschehen, wenn Sie sich anders entschieden hätten?
>
> Welche Merkmale/Kriterien würden Sie von der Maßnahme überzeugen?

Beispiel:

Ein Gesprächsleitfaden zur Terminierung eines Unternehmers zum Thema Betriebliche Altersversorgung.

Der Gesprächsleitfaden dient der Orientierung und zur Verdeutlichung dessen, was gemeint ist. Ein Gesprächsleitfaden ist kein Drehbuch, welches auswendig gelernt nachgesprochen werden soll. Jeder muss mit seinen Worten auf seine individuelle Art und Weise in den Dialog gehen, sonst ist er unglaubwürdig.

Phasen	Beispielformulierungen	Anmerkungen
Kontaktaufnahme mit dem richtigen Gesprächspartner	Guten Tag Herr/Frau …., mein Name ist ……., ich komme von Firma …., über den Verband ……. Ich möchte gern Herr/Frau …. sprechen, **es geht um eine persönliche Terminvereinbarung.**	Meistens kann nur die gewünschte Person selbst entscheiden, ob und wann sie einen Termin wünscht!
Der Einstieg: Was haben Sie vor? Wo könnten die Interessen des Gesprächspartners liegen?	Herr/Frau ….., es geht um einen Beratungstermin für Sie zum Thema Betriebliche Versorgungssysteme. Konkret handelt es sich um Informationen zu folgenden Punkten: a) Überprüfung auf Aktualität hinsichtlich der neuesten gesetzlichen Vorschriften b) Anpassung an die jetzige Situation in Ihrem Unternehmen c) Ermittlung des Liquiditätsgewinns durch die Nutzung vorhandener Potenziale Nach dieser Beratung haben Sie durch diese Informationen die Sicherheit zu entscheiden, ob für Sie Handlungsbedarf besteht oder nicht.	Wichtig: Keine Beratung, nur Interesse wecken zum Termin, nicht verleiten lassen, wenn schon konkrete Fragen gestellt werden.

Phasen	Beispielformulierungen	Anmerkungen
Ergebnis der Terminierung anstreben	Herr/Frau …, erfahrungsgemäß plane ich für das Beratungsgespräch 60 Minuten ein. Dadurch haben wir Zeit Ihre Fragen und Ihre Interessen zu berücksichtigen. Wann und wo können wir uns dafür zusammensetzen? Weiterhin sollten zu diesem Termin noch folgende Personen anwesend sein …. Folgende Unterlagen werden benötigt: …..	Hier geht es um einen konkreten Termin. Weiterhin: Wer muss anwesend sein und welche Vorbereitungen sind sonst noch sinnvoll? (Vorbereitung der Beratung)
Abrunden und Abschluss	Also halten wir fest: Ich notiere mir ……,wir sehen uns am …. um … Uhr, anwesend sind ….. Folgende Vorbereitung ist nötig: …. Bis dahin alles Gute, auf Wiedersehen!	Zusammenfassen und bestätigen

Vorbereitung auf den Kundenkontakt

Besuchsanlässe beim Privatkunden

Welche Informationen aus dem **Kundensystem** können helfen, um

c. Besuchsanlässe zu erkennen, und

d. Beratungs-, oder Informationsgespräche zu führen?

Viele Menschen gestalten ihr Lebenskonzept in drei unterschiedlichen Feldern, innerhalb dieser werden dann unterschiedliche Rollen besetzt und gelebt, manche kommen dann dazu, andere verschwinden wieder.

Beispiel:

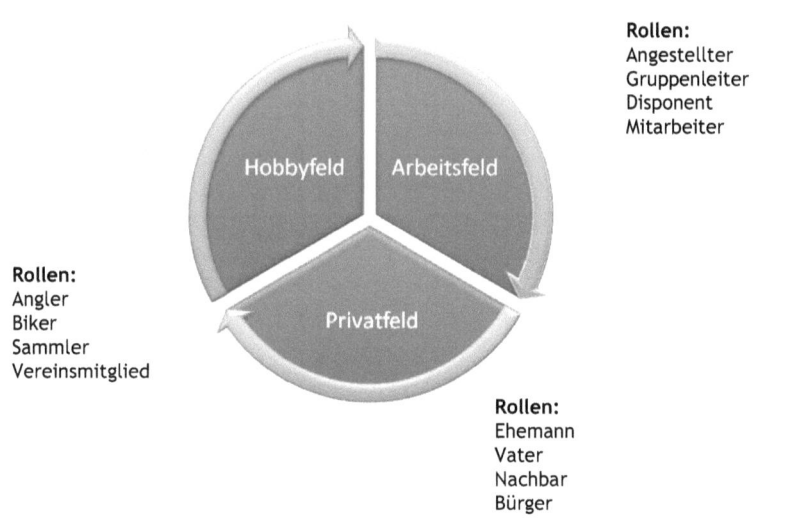

Rollen:
Angestellter
Gruppenleiter
Disponent
Mitarbeiter

Rollen:
Angler
Biker
Sammler
Vereinsmitglied

Rollen:
Ehemann
Vater
Nachbar
Bürger

Die Besuchsanlässe beim Privatkunden können sich ergeben durch Veränderungen im Leben (System) des Kunden, ebenso aber auch durch Bewegungen im Umfeld und auch durch Neuigkeiten in der Umwelt.

Beispiel:

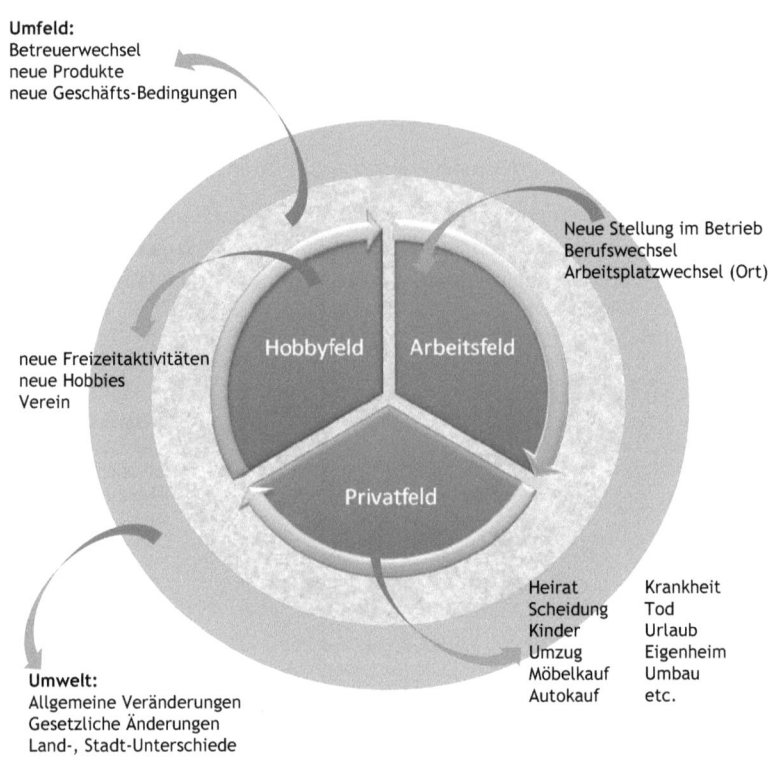

Umfeld:
Betreuerwechsel
neue Produkte
neue Geschäfts-Bedingungen

Neue Stellung im Betrieb
Berufswechsel
Arbeitsplatzwechsel (Ort)

neue Freizeitaktivitäten
neue Hobbies
Verein

Hobbyfeld   Arbeitsfeld

Privatfeld

Heirat   Krankheit
Scheidung   Tod
Kinder   Urlaub
Umzug   Eigenheim
Möbelkauf   Umbau
Autokauf   etc.

Umwelt:
Allgemeine Veränderungen
Gesetzliche Änderungen
Land-, Stadt-Unterschiede

Möglicher Besuchsgrund

Es folgt ein Beispiel aus der Dienstleistungsbranche, wobei Sie die Inhalte natürlich mit Ihren eigenen Worten und einen kürzeren Satzbau modellieren sollten:

Sehr geehrte(r) Frau/Herr,

angenommen, Sie haben **Interesse** an einem Versorgungskonzept, welches

> Ihre jetzige Situation berücksichtigt, genau so gut aber auch Ihre Wünsche, Ziele und Vorhaben für die Zukunft mit einbezieht,

und

> Ihre individuellen Möglichkeiten durch die aktuellen gesetzlichen Rahmenbedingungen berücksichtigt,

und

> mit Produkten ausgestattet ist, welche den aktuellen Bedingungen gerecht werden,

dann

> empfehle ich Ihnen, eine Beratung für den personenbezogenen sowie eine weitere Beratung für den Sach-/Vermögensbereich durch einen Experten wahrzunehmen,

so dass Sie die nötigen Informationen zur Verfügung haben, die notwendig sind, um **Entscheidungen** treffen zu können.

Merke: Ein (Besuchs-)Anlass ist nur ein Anlass, ein Grund, aus dem sich dann die Besprechungsthemen ableiten lassen. Viele Verkäufer nehmen ausschließlich den Anlass als Besprechungsthema und vergeben dadurch viele Chancen.

Weshalb sollte der Kunde mit Ihnen seine Zeit verbringen?

Welche Geschichten kann der Kunde von Ihnen hören, und was sagen Sie, nachdem Sie „Guten Tag" gesagt haben? Sind Sie im Thema, oder stehlen Sie dem Kunden nur die Zeit?

Bitte bedenken Sie: Bei allem, was Sie formulieren, entstehen im Kopf des Kunden Bilder, die wiederum mit Emotionen verbunden sind. Dadurch werden im Körper die dazu passenden Hormone produziert, die letztlich wiederum das Verhalten des Kunden steuern.

Also: Welche Art von Gefühlen lösen Ihre Worte aus, positive, angenehme, oder negative bzw. unangenehme? Weiterhin ist zu bedenken, dass der Gesprächspartner sich mit den Gedanken und Bildern identifizieren kann, sich also hier wieder erkennt, weil sonst die emotionale Nähe fehlt. Außerdem ist es klug, wenn der Kunde das Gefühl bekommt, dass diese Bilder, die Sie eventuell mit diversen Hilfsmitteln untermauern, ganz individuell auf ihn zugeschnitten **entstanden** sind. Alle schon vorgefertigten Unterlagen haben nicht den gleichen Stellenwert für den Kunden, denn diese sind ja für alle, für mehrere, und für andere auch noch da, oder schon da gewesen, also Second Hand.

Wenn Sie positive Gefühle erzeugen wollen, müssen Sie mit Ihren Worten positive Bilder entstehen lassen. Viele reden immer noch von „Versorgungslücken" und machen eher Angst mit ihren Aussagen. Sie wundern sich dann, wenn sie beim Kunden nur schwer Termine erhalten.

Wie geht – Denken - ?

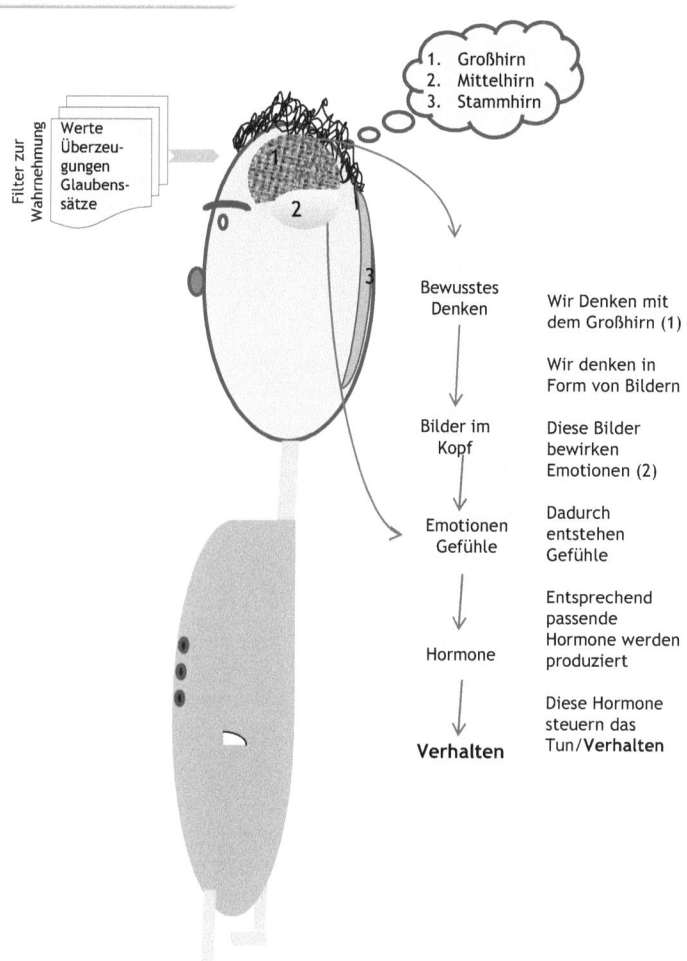

Bevor wir denken, haben wir noch sogenannte Wahrnehmungsfilter geschaltet, die uns sagen, welche Information wir wahrnehmen wollen, welche nicht, und wie wir diese dann schon mal werten wollen, diese Muster sind individuell und in der Kindheit gelernt, können aber verändert werden, wenn man dieses selbst will.

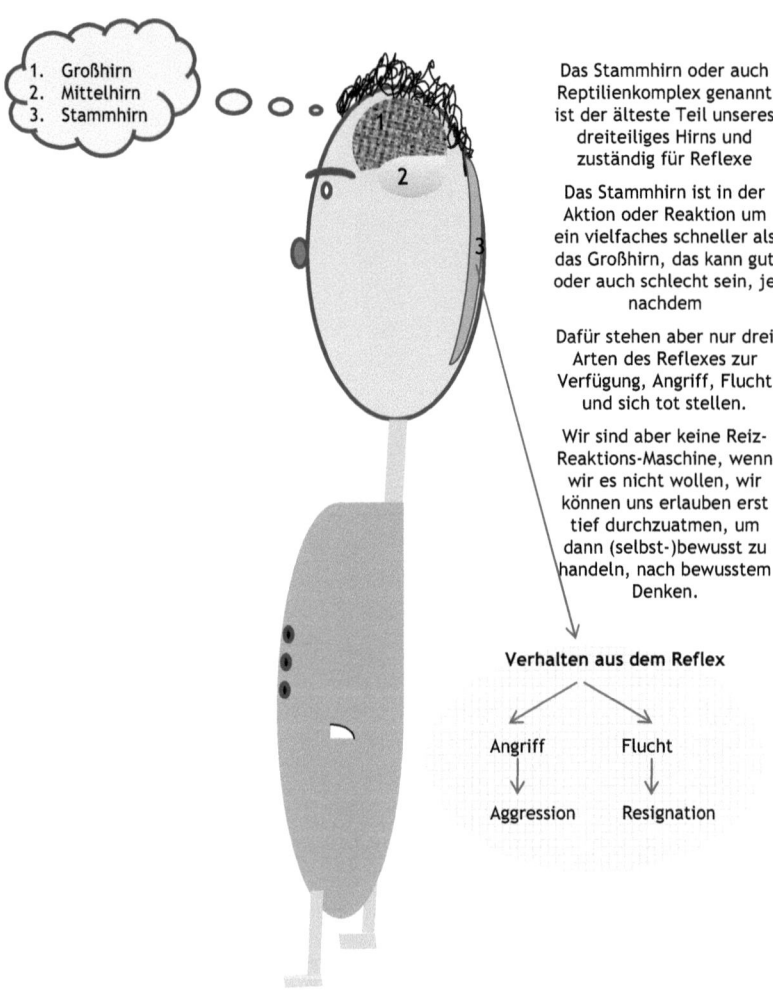

Wie geht – ohne Denken – ?

1. Großhirn
2. Mittelhirn
3. Stammhirn

Das Stammhirn oder auch Reptilienkomplex genannt ist der älteste Teil unseres dreiteiliges Hirns und zuständig für Reflexe

Das Stammhirn ist in der Aktion oder Reaktion um ein vielfaches schneller als das Großhirn, das kann gut oder auch schlecht sein, je nachdem

Dafür stehen aber nur drei Arten des Reflexes zur Verfügung, Angriff, Flucht und sich tot stellen.

Wir sind aber keine Reiz-Reaktions-Maschine, wenn wir es nicht wollen, wir können uns erlauben erst tief durchzuatmen, um dann (selbst-)bewusst zu handeln, nach bewusstem Denken.

Verhalten aus dem Reflex

Angriff   Flucht

Aggression   Resignation

Typische Beispiele destruktiver Formulierungen:

Wir ermitteln Ihre Versorgungslücken.

Sie werden Rentner und alt und haben kein Geld.

Sie werden berufsunfähig und können kein Geld mehr erwirtschaften.

Sie werden krank und können sich die notwendige Versorgung nicht leisten.

Bei Tod muss die Familie gucken, wie sie über die „Runden" kommt

Nach einem Unfall sind keine liquiden Mittel da.

Kinder sind nicht billig. Sie werden immer teurer.

Es kann brennen und alles ist weg.

Einbrüche passieren am Tag, immer öfter, alles ist verwüstet.

Wasser macht ja vor gar nichts halt, das kann kosten.

Sturmschäden werden immer häufiger und zerstören alles, was im Weg steht.

Wer will das schon hören?

Wer will sich damit beschäftigen?

Stellen Sie sich einen Kellner im Restaurant vor, der Ihnen mit folgenden Aussagen ein Menü verkaufen will:

Sie werden bald an Mangelerscheinungen leiden ......

Die Unterzuckerung wird nicht mehr lange auf sich warten lassen.....

Sie werden dann nicht mehr klar denken können, das ist dann kein Leben mehr ....

Zahnausfall wird die Folge sein, dann geht gar nix mehr .....

Also bestellen Sie endlich etwas!

Die Anreize, die Sie an Ihren Kunden senden, sollten mit einer positiven Vorstellung und guten Gefühlen verbunden sein.

Sie haben die Wahl und können entscheiden, ob Ihre Wahrnehmungen und Äußerungen eher auf der einen oder eher auf der anderen Seite zu erkennen sind.

Entweder hier oder mehr hier

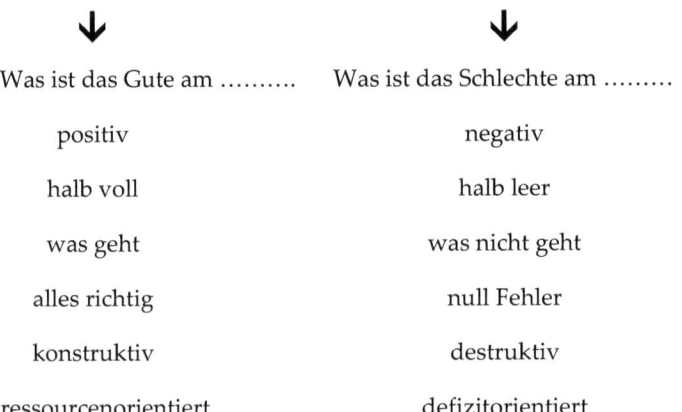

Was ist das Gute am ……….   Was ist das Schlechte am ………

positiv	negativ
halb voll	halb leer
was geht	was nicht geht
alles richtig	null Fehler
konstruktiv	destruktiv
ressourcenorientiert	defizitorientiert

Achten Sie als Verkäufer auf Ihre Sprache und Ausdrucksweise und vor allem auf Ihre Wortwahl. Richten Sie Ihren emotionalen Fokus einmal als Kunde darauf und fragen Sie sich selbst:

Mit welchem Verkäufer würde ich mich als Kunde lieber unterhalten: Mit demjenigen, der mir aufzählt, was alles wodurch zerstört werden könnte, oder mit demjenigen, der mir erklärt, was ich alles wodurch (finanziell betrachtet) erhalten könnte?

Motivation - oder womit reizen Sie?

|| Die Bewertung des Anreizes

Positives Erleben bedeutet:

- Es soll positive Konsequenzen haben.

- Vermutung: Es geht mir dann besser als jetzt.

- Man will positive Erfahrungen machen.

- Die Begegnung mit Neuem ist hilfreich (Neugier).

- Wenn das Ergebnis besser als erwartet ausfällt.

- Der Reiz wird individuell bewertet (Musik ja, Dixie nein).

Zur Motivierung ist eine positive Bewertung günstig!

Negatives erleben bedeutet:

- Reize mit negativen Konsequenzen werden vermieden.

- Wenn es mir dadurch/damit schlechter geht, will ich das nicht.

- Negative Erlebnisse brauche ich nicht.

- Altbekanntes (wie immer, wie gehabt) langweilt mich, reizt nicht mehr.

- Eine positive Bewertung verändert sich mit der Zeit ins negative (immer das Gleiche).

Der Vorhersagewert „positiv – negativ" ist gekoppelt mit entsprechenden Emotionen, die Gefühle sind Auslöser von Hormonen, und Hormone steuern unser Verhalten!

Wir sprechen von zwei unterschiedlichen Quellen der Motivation, die zusammenwirken und unsere Antriebskräfte in Gang setzen:

|| Extrinsische (Ruhm, Geld, keine Strafe)

Äußere Belohnungen sind oft fremdbestimmt; das Schulkind erhält fünf Euro für einen Einser, der Sportler die Medaille, der Mitarbeiter eine Urkunde, eine Reise oder ähnliches.

Aber diese extrinsische Motivation wirkt zeitlich nur begrenzt als Quelle für den Antrieb. Allein Erfolg oder Angst vor negativen Konsequenzen bestärken die Willenskraft.

 Intrinsische (Neugier, Spaß, Zufriedenheit)

Das Gehirn belohnt sich selbst für erbrachte Leistungen – mit einem tiefen Glücksgefühl. Die Wahl, wohin die innere Energie fließen soll, ist selbstbestimmt.

Eine hohe eigene, intrinsische Motivation kann über einen langen Zeitraum die Handlungen bestimmen.

Letztlich wollen längerfristig gesehen die Grundbedürfnisse eines Menschen bedient werden, die Zusatzbedürfnisse sind sozusagen Meilensteine auf dem Weg dorthin.

Viele Menschen sind fest entschlossen, ihr selbst gestecktes Ziel zu erreichen, und scheitern doch meist kläglich. Warum? Das ist die Gretchenfrage der Motivationsforschung. Die Erkenntnis von Gehirnforschern und Psychologen sagt, dass das Geheimnis in der Macht der eigenen Gefühle liegt, die Trägheit zu besiegen. Rational weiß jeder um die Notwendigkeiten, die nötig wären. Wir sehen zwar ein, dass etwas getan werden muss, aber es fehlt der starke Impuls für die eigentliche Handlung, da liegt Ihre Chance.

Beispiele möglicher Zusatzbedürfnisse und ihre Motive:

Ansehen

Ist jemand hierdurch gesteuert, möchte er gern im guten Licht gesehen werden, man will dann respektiert und bewundert werden. Dieses hat viel mit dem Selbstwertgefühl einer Person zu tun.

Entlastung

Hier geht es jemandem darum, dass er es gern leichter haben möchte. Alles soll dann einfacher und weniger beschwerlich sein.

Geld

Dahinter steht alles, was mit Finanzen, mit Kosten, mit Investitionen, Ertrag oder Gewinn zu tun hat. Es geht um monetäre Beweggründe unseres Verhaltens als Mittel zum Zweck.

Sicherheit

Meldet sich dieses Bedürfnis, streben wir nach mehr Sicherheit und scheuen das Risiko. Man will sich vor Nachteilen, vor Verlust, vor Unvorhersehbaren schützen.

Soziales

Hier kreisen unsere Gedanken um andere (Familie, Freunde, Bekannte und Verwandte, an die Gruppe oder das Team bzw. die Organisation). Andere Menschen stehen dann im Mittelpunkt.

Entdeckung

Erleben, mehr sehen, dabei sein und nichts verpassen, Neues entdecken, den Horizont erweitern. Darum geht es hier in diesem Beispiel.

Welche Bedeutung hat das Ziel des Kunden?

Wie können wir die Ziele, Wünsche, Motive des Gesprächspartners im Verkaufsgespräch nutzen?

Es geht darum die Interessen, Motive, Bedürfnisse, Wünsche, Probleme und Vorstellungen des Gesprächspartners optimal in den Gesprächsablauf mit einzubeziehen.

Dadurch wird das Ziel zu einem wichtigen Steuerungselement, um vom Standpunkt des Gesprächspartners aus die Verhandlungsstrategie auszubauen.

Ziele beschreiben die stärksten persönlichen Vorteile für den Gesprächspartner und die beste Grundlage für ihren Vorschlag. Ziele helfen überflüssige Fakten herauszufiltern, sie begrenzen die Verhandlung bzw. das Beratungsgespräch wie die Seitenlinien eines Spielfeldes. Sie ermöglichen es uns, den Vorschlag oder die Empfehlung nur auf solchen Vorteilen aufzubauen, die unseren Gesprächspartner mit größter Wahrscheinlichkeit zur Annahme der Empfehlung bringen. Man kann das Ziel definieren als die spezifischen Endergebnisse, die sich jeder unserer Gesprächspartner wünscht. Daraus resultiert, dass das Fragen und das Hinhören in den Beratungs- und Verkaufsgesprächen die wichtigsten Instrumente eines Verkäufers sind.

Ein Ergebnis beschreibt einen Zustand oder eine Situation in folgender Weise: Wir wollen den nächsten Urlaub in Italien verbringen. Oder: Es gilt, das Neugeschäft zu steigern. Der Stornosatz darf sich nicht weiter verändern usw.

Eine **Zielformulierung** hat ganz bestimmte Merkmale zu erfüllen, dadurch ist ein Ziel etwas konkretes, etwas Überprüfbares.

Merkmale eines Zieles sind:

- Zielinhalt

  Um was handelt es sich? Wovon reden wir?

- Zielausmaß

  Um wie viel handelt es sich davon? Ist es konkret messbar?

- Zielzeit

  Wann, zu welchem Zeitpunkt, in welchem Zeitraum soll das Ziel erreicht sein?

Weiterhin muss ein Ziel motivieren, also reizen. Es sollte von Ihnen selbst beeinflussbar sein. Es sollte als realistisch und realisierbar eingestuft werden. Es muss kontrollierbar und vor allen Dingen positiv formuliert sein.

‖ Vorbereitung in der Sache

Fragen zur Vorbereitung auf das Kundengespräch:

- ■ Was ist der Anlass für das Gespräch?
- ■ Wie lautet der Besuchsgrund?
- ■ Um was geht es genau/konkret, was ist das Thema?
- ■ Welche Themenbereiche werden dadurch außerdem berührt?
- ■ Wer ist/wer sind mein(e) Gesprächspartner?
- ■ Wer sollte noch anwesend sein, fehlt aber zum Termin?
- ■ Was sind meine Interessen an diesem Besuchstermin?
- ■ Wie lautet mein Ziel für dieses Gespräch?
- ■ Was sind die Interessen und Wünsche der Gegenseite?
- ■ Welche Interessen passen zusammen?
- ■ Welche Interessen widersprechen sich?
- ■ Was will ich an Zahlen/Daten/Fakten vorbereiten?
- ■ Wie viel Zeit will ich für das Gespräch einplanen?
- ■ Wie will ich das Gespräch strukturieren:
  - a. Phasen des Gespräches
  - b. Was sollen die Inhalte in den einzelnen Phasen sein?
- ■ Welche Hilfsmittel werden benötigt?
- ■ Sind die Rahmenbedingungen günstig gewählt?
- ■ Bin ich der richtige Gesprächspartner hierfür?

|| Vorbereitung in der Person

Welche Persönlichkeitsmerkmale helfen Ihnen? Was ist die Erwartung des Kunden an die Person?

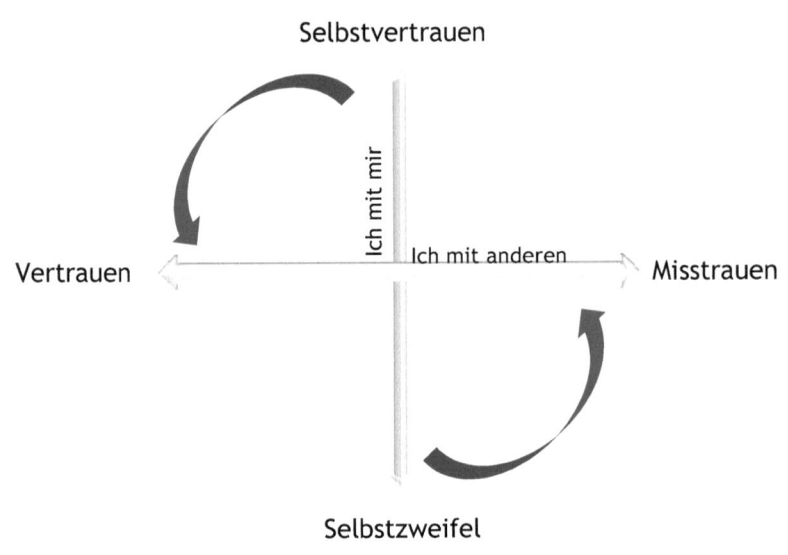

Folgendes können Sie beobachten: Menschen, die mit einer „gesunden" Portion Selbstvertrauen ausgestattet sind, neigen eher dazu, anderen Menschen zu vertrauen, und andere wiederum, die mit starken Selbstzweifeln ausgestattet sind, neigen eher dazu, anderen zu misstrauen. Die Frage lautet also: „Wem vertrauen wir?"

Sie sollten wissen, wovon Sie reden, also mit der nötigen Fachkompetenz ausgestattet sein. Auch äußerlich zeigt sich sofort, ob Sie vertrauenswürdig sind (an Ihrer Kleidung, Ihrem Dienstwagen und anderen Symbolen, Ihrer Visitenkarte, Ihren Unterlagen usw.). Ebenso wichtig ist es, sich entsprechend zu verhalten. So werden Menschen als glaubwürdiger wahrgenommen, wenn sie Blickkontakt aufnehmen und mit Selbstvertrauen sprechen.

Wenn Sie selbstsicher und zügig sprechen, werden Sie als kompetenter und glaubwürdiger eingestuft. Sie werden einfach für sachkundiger, intelligenter und klüger gehalten. Wenn Sie auch verbal zeigen wollen, dass Sie ein Experte sind, dann müssen Sie sich auch so ausdrücken können. Dadurch lassen sich andere überzeugen.

Ob Sie als vertrauenswürdig eingestuft werden, hängt weiterhin davon ab, ob man sich auf Sie verlassen kann. Liegt Ihnen die Versorgung des Kunden am Herzen, oder geht es nur um Ihren Verdienst, um den Umsatz? Was werden die Leute glauben können? Fragen Sie sich immer wieder: Was können Sie für ein gutes Image tun? Was können Sie tun, um einen guten Ruf zu bekommen und zu erhalten? Vertrauen zu bekommen und genießen zu können, ist ein unbezahlbares Gut.

Ein kleine Wunderwaffe ist die Sympathie. Wenn man Sie mag, wird man Ihnen mehr vertrauen als anderen Menschen. Wenn man Sie mag, weil Sie ehrlich und sympathisch sind, verzeiht man Ihnen viel eher Fehler, als wenn man Sie nicht mag. Sie können dann machen, was Sie wollen, es wird wenig bis nichts helfen. Zeigen Sie Wertschätzung und Respekt. Vor allem: Bleiben Sie authentisch. Das ist das Wichtigste.

Meine Empfehlung lautet: Achten Sie auf drei Dinge, nämlich **Sachkenntnis, Vertrauenswürdigkeit und Freundlichkeit**. Was möglicherweise zu einer positiven Ausstrahlung gehört, sehen Sie in der folgenden Aufstellung.

Positive Ausstrahlung vermitteln

so	oder	so

so	so
optimistische Lebenseinstellung	pessimistisch
mit Selbstvertrauen ausgestattet	unsicher, schüchtern
Vertrauen in die Zukunft zeigen	Angst vor der Angst verbreitend
Kontakte suchen Verbindungen herstellen	Wegschauen, Straßenseite wechselnd
humorvoll, locker Gefühle zeigend	Miesepeter und verbissen
Freundlichkeit, Herzlichkeit, Wärme gebend	Desinteresse und Kälte
offen, klar, eindeutig, geradlinig sein	doppelbödig, verdeckt operierend
Fairness praktizierend, der andere darf es auf seine Weise tun	unfair, manipulierend, nicht ehrlich
Allgemeinwissen haben, belesen sein	schweigend nach innen gerichtet
neugierig sein, wie andere wohl die Dinge sehen	sich abkapseln, selbst einmauern
eigenen Stil entwickeln und leben	anderen nachäffend leben

so	oder	so
Verantwortung für sein Denken und Handeln übernehmen		jammern und klagen
Empathie zeigen, Situationen gefühlsmäßig wahrnehmen		Gefühle unterdrücken oder leugnen
aufmerksam sein und Wertschätzung zeigen		oberflächlich sein und abwertend sein
selbstbewusst sein, eigene Stärken und Fallen kennen		arrogant und überheblich sein
Selbstwertgefühl beachten, Selbstachtung geht vor Fremdachtung		mit Selbstzweifel behaftet sein
eigene Komfortzone erweitern, neues erkunden		unbeweglich sein, keine Entwicklungsbereitschaft zeigend

■ Die Vorbereitung im Überblick

■ Erstellung eines Maßnahmenplanes

■ Die 6–W-Strategie

WAS	WANN	WIESO	WIE	WOMIT	WEM
Sachebene Wie lauten die zu besprechenden Themen? Was sind die Inhalte? Was ist der Besuchsanlass?	Wann genau, konkret in welcher Phase oder Situation des Gespräches will ich den Inhalt besprechen, bearbeiten? Stimmt der Termin generell?	Weshalb will ich das Thema ansprechen? Was ist meine Intention? Welches Ziel oder Ergebnis verfolge ich ? Was ist mein Motiv?	Wie ist die Struktur meines Gespräches? Welche Phasen hat mein Gespräch? Wer hat wie viel Redeanteil? Stimmen Worte, Sprechweise, die Didaktik, die Dialektik?	Welche Hilfsmittel benötige ich? Welche Unterlagen müssen wann zur Verfügung stehen? Für wen sollen die Unterlagen bestimmt sein?	Wer soll/muss wann als Gesprächsteil nehmer anwesend sein? Mit wem werde ich das Gespräch durchführen? Wer hilft mir bei der Vorbereitung? Wer hat welche Rolle im Gespräch?

Merkmal - Vorteil - Nutzen, drei Begriffe schnell erklärt

Wann kauft der Kunde? Zu welchem der drei Begriffe muss der Kunde ein Bild im Kopf haben? Der Kauf ist nicht allein eine rationale Sachentscheidung, sondern zum Großteil auch eine emotionale, gefühlsmäßige Aktion. Emotionale Nähe aber hat der Kunde zum Nutzen, denn das hat etwas mit ihm zu tun. Sie erinnern sich an die Gesprächsterritorien. Mit einer Beispiel (Waschmaschine) lassen sich die drei Begriffe leicht erklären.

Kategorie	Waschmaschine	Unfallversicherung	Anmerkungen
Merkmale	Energieklasse A+ 1.400 Umdrehungen Frontlader 7 kg Trommel 12 Waschprogramme	gilt 24 Std. / weltweit incl. Krankenhaustagegeld zahlt ab 1% Invalidität	Es handelt sich um Fakten/Eigenschaften einer Sache; nachzulesen in einer Beschreibung.
Vorteile	geringer Stromverbrauch, Wäsche bügeltrocken, unterbaufähig, familienfreundlich	zeitlich u. örtlich unbegrenzt, auch bei Genesung eine Leistung, klar geregelt mit Gliedertaxe	Die Vorteile ergeben sich aus den beschriebenen Merkmalen.
Nutzen	Der Nutzen ist die Antwort auf die Frage des Kunden: **Was habe ich in meiner Situation und meinen Vorhaben davon?**		

Ihr logischer gedanklicher Prozess als Verkäufer oder Berater:

■ Welche Anlässe gibt es, die die Interessen des Kunden berühren könnten?

■ Was will ich auf Grund dieser Anlässe für den Kunden tun?

■ Was sind die Vorteile und die positiven Auswirkungen meines Tuns für den Kunden?

■ Warum sollte der Kunde sich von mir beraten lassen?

■ Was ist der Unterschied zum Wettbewerber?

■ Wie erfährt der Kunde jetzt davon?

Kundengespräch

Durchführung

Es gibt ein Sprichwort in der Assekuranz, das lautet: „Jeder ist versicherbar, aber nicht jeder kann jeden versichern!"

Es gehören immer zwei zum Abschluss. Das schlimmste, was Sie machen können, ist, sich an vorformulierten, gut klingenden Gesprächsleitfäden orientieren zu wollen. Tun Sie das nicht! Suchen Sie nicht nach Anleitungen wie zum Beispiel: „Der Kunde sagt …….., der Verkäufer sagt ……." usw. Es ist nur eine Frage der Zeit, wann der Kunde dahinter kommt. Er fühlt sich dann nicht erst genommen, das ist keine Wertschätzung, wenn jemand einen Text – auswendig gelernt – abspult.

Bleiben Sie lieber authentisch, bleiben Sie so wie Sie sind, verbiegen Sie sich nicht, weder verbal noch nonverbal. Sympathie und Freundlichkeit gepaart mit dem nötigen Fachwissen ist eine gute Mischung, um erfolgreich zu sein. Die Fertigware an Beratungs- oder Verkaufstexten können Sie benutzen, wenn Sie einen Vortrag, also einen Monolog halten wollen. Ein Gespräch mit meinem Gegenüber zu führen, ist ein Dialog. Da muss ich zuhören, hinhören, nachfragen. Da gehören immer zwei dazu, es geht um Aktion und Reaktion. Und jeder der Kunden reagiert ein bisschen anders, dann helfen die vorgefertigten Texte nicht wirklich.

Gesprächsleitfäden helfen dann, wenn Ihnen jemand anhand von Beispielformulierungen erläutern möchte, was er unter einer Sache versteht. Also zur Verdeutlichung dessen, was gemeint ist. So sind auch die Gesprächsleitfäden in diesem Buch zu sehen. Deshalb sollten Sie sich an dem Muster zur Gesprächsführung orientieren, aber unbedingt mit Ihren eigenen Worten sprechen. Dann bleiben Sie glaubwürdig.

Gerade, wenn der Kunde anders reagiert als erwartet, wird oft und gern zu der Leitfadenmethode im Sinne der Einwand- und Vorwandbehandlung zurückgegriffen. Damit wird Ihnen das Hinhören und Zuhören abtrainiert und das Denken abgewöhnt. Sie reagieren auf die Worte des Kunden nur reflexartig, und zwar bei jedem Kunden mit dem gleichen antrainierten Reflex.

Mein Tipp aus der Praxis: Lernen Sie flexibel zu sein, Flexibilität ist nicht stur und starr, sie ist mehrfach und vielfach.

Gesprächsphasen und ihre Inhalte

Ankommen	Andocken	Abarbeiten	Abrunden	Abschließen
Begrüßung, Bezug nehmen auf den Anlass, Themen nennen, Gesprächszeit klären, mögliches Ergebnis vereinbaren, Vorgehensweise der Bearbeitung klären	Wünsche und Interessen erfragen, Erwartungen erfragen, Ist-Situation analysieren, Soll-Situation definieren, Potenzialanalyse	Gemeinsam alternative Lösungen und/oder Teillösungen erarbeiten, Vorteile und Nutzen für den Kunden besprechen	Umsetzung klären, konkrete erreichte Ergebnisse und Ziele festhalten, Maßnahmen planen, klären, ob die Interessen des Kunden berücksichtigt sind	Bilanz ziehen: Was hatten wir vor? Was haben wir davon erreicht? Was ist neu hinzugekommen? Wie ist nach dem Termin die weitere Vorgehensweise? Terminierung und Verabschiedung

Anforderungen in den einzelnen Phasen

Ankommen	Andocken	Abarbeiten	Abrunden	Abschließen
Keine Selbstdarstellung, positives Klima erzeugen, klares Vorgehen zeigen, roten Faden vereinbaren, zielorientiert arbeiten, auf Körpersprache achten	Schlüsselfragen stellen, zuhören, nachfragen, hinterfragen, kein Verhör entstehen lassen, Fragen für den Kunden logisch aufbauen, wesentliche Fragen begründen	Umsetzung klären, alternative Lösungsansätze erarbeiten, erreichte Ergebnisse und Ziele festhalten, sind die Interessen des Kunden in der Lösung berücksichtigt?	Maßnahmen planen, mit den Fragen was, wann, wie viel, wie, wozu, mit wem ordnen, nach Möglichkeiten suchen, ungeklärtes bearbeiten, abschließen	weitere Erwartungen besprechen, wie soll die Beziehung gestaltet werden?, klären: wer macht was nach diesem Termin, weitere Unterlagen aufbereiten und zustellen

Bereiten Sie sich schriftlich in Stichworten auf Ihre Beratungsgespräche vor. Überlegen Sie vorher, was Sie in welcher Phase der Beratung mit dem Kunden besprechen wollen. Informieren Sie den Kunden davon, bevor es in die Bearbeitung geht. Weiterhin erlangen Sie durch diesen geordneten Überblick Sicherheit im Gespräch. Scheuen Sie sich niemals, Ihre schriftliche Vorbereitung während des Gesprächs auf den Tisch zu legen.

Phasen und ihre Anforderungen:

1. Ankommen

Der Volksmund sagt: „Wie Du kommst gegangen, so wirst Du empfangen." Ein Körnchen Wahrheit ist an den Sprüchen ja dran. Denken Sie nur an den berühmten ersten Eindruck. Er entsteht in ganz kurzer Zeit und ist für viele Menschen dann für die weitere Beziehung stark ausschlaggebend. Also kommen Sie pünktlich an, nicht zu früh und nicht zu spät, kommen

Sie rechtzeitig, bei absehbarer Verspätung lassen Sie eine Nachricht zu-
kommen. So praktizieren Sie Wertschätzung.

Diese erste Phase ist stark gekennzeichnet durch Rituale. Diese Rituale
sollten Sie beherrschen. Hierzu gehören die Regeln der Umgangsformen.
Rituale sind wiederkehrende gleiche Verhaltensweisen oder Muster, die
allen Beteiligten gleichermaßen bekannt sind. Es sind somit auch die ersten
vertrauensbildenden Maßnahmen, die sie praktisch anwenden können.

Es ist die Selbstsicherheit, die wir an einem anderen Menschen äußerlich
wahrnehmen, das individuelle Auftreten, eine selbstsichere Ausstrahlung,
die Art zu reden, die Art sich zu bewegen, die Art sich zu kleiden, oder
Ähnliches. Selbstbewusste Menschen, die nicht nur eine antrainierte Selbstsicherheit besitzen, sind immer auch authentisch. Sie haben gelernt, sich
selbst anzunehmen, schätzen sich für ihre Stärken und stehen zu ihren
Schwächen. Sie geben sich, wie sie sind – und wirken so auf eine ganz
natürliche Art authentisch.

Führen Sie Ihre Gespräche selbstbewusst. Besonders in der direkten Kommunikation mit anderen macht sich ein selbstbewusstes Auftreten positiv
bemerkbar. Sie schaffen es so viel leichter, andere von Ihren Ansichten zu
überzeugen, können sich in Verhandlungen behaupten und erreichen, dass
die anderen Sie ernst nehmen.

Arbeiten Sie an Ihrer Körpersprache. Es ist die Art und Weise, wie Sie
stehen, sich bewegen. Ihre Gesten und Ihre Mimik wirken auf andere Menschen entweder selbstsicher oder nicht. Entscheidend ist, dass Ihre Körpersprache stimmig ist – also nicht antrainiert oder aufgesetzt. Auch wenn
viele sagen, dass eine aufrechte Haltung Stärke ausstrahlt, muss das auch
ein Stück weit wirklich aus Ihnen selbst herauskommen, denn sonst wirken
Sie einfach nur steif.

Überprüfen Sie vor und während der Gespräche Ihre innere Spannung.
Sind Sie angespannt und verkrampft? Drohend oder aggressiv? Kraftlos
und müde? Oder selbstbewusst und voller Energie? Stimmt Ihr Äußeres?
Passt die Kleidung zum Job, zum Auftrag und zur Erwartung des Kunden?
Wird man Sie als denjenigen, für den Sie sich ausgeben, erkennen können?
Vermeiden Sie die zur Schau Stellung von Statussymbolen. Das wirkt eher
unseriös. Es sei denn, es handelt sich um Verkaufsmuster.

Sprechen Sie deutlich, in einer angemessenen Lautstärke. Selbstbewusste Leute sprechen eine klare deutliche Sprache in adäquater Geschwindigkeit. Weder Nuscheln noch zu lautes Sprechen ist hilfreich und wird eher als Unsicherheit eingestuft.

Bedenken Sie auch die Redeanteile. Es kommt darauf an, um welche Art von Gespräch es sich handelt. Daraus ergeben sich die Gesprächsphasen und daraus die Inhalte. Bei einem Vortrag sieht das bestimmt anders aus als bei einem Interview.

Denken Sie daran, dass Sie ja aus einer Rolle aus dem Arbeitsfeld heraus den Kunden im Privatfeld besuchen. Das bedeutet: Klau dem Kunden nicht die Zeit, denn als Sie den Termin vereinbart haben, hat der Kunde auf Grund der Anlässe, die Sie genannt haben, hierzu ja gesagt.

Eine Vereinbarung bedeutet, dass zwei oder mehrere Personen ja zu etwas sagen.

Der Kunde wird wissen wollen, ob Sie glaubwürdig sind, ob er sich auf Sie verlassen kann. Daraus resultiert, dass Sie im Gespräch die Themen artikulieren und besprechen, zu denen er beim Terminieren ja gesagt hat.

Unsicherheit, mangelndes Selbstvertrauen oder ein angeschlagenes Selbstwertgefühl veranlassen Verkäufer dazu, mit dem Kunden erst einmal über Gott und die Welt reden zu wollen. Aber das war nicht die Vereinbarung. Also besteht die Gefahr, dass der Kunde zwar nichts direkt dazu sagt, aber später mit Äußerungen wie zum Beispiel „Schicken Sie mir doch die Sachen zu, das muss ich mir noch mal durch den Kopf gehen lassen" reagiert. Da es sich hier um eine Reaktion des Kunden handelt, hat wahrscheinlich der Verkäufer den Anlass geliefert. Also fragen Sie sich: Was habe **ich** gesagt, dass der Kunde so reagiert?

 Konzentration üben

Viele Menschen sind gedanklich nicht da, wo sie gerade sein sollten, also bei der Sache, mit entsprechender Konzentration. Die ganze Aufmerksamkeit sollte dem Gesprächspartner und seinen Themen gewidmet sein. Innere und äußere Ablenkungen beeinflussen die Wahrnehmung dessen, was ich überhaupt noch vom Gespräch mitbekomme. Der Mensch ist nur in der

Lage, einen Gedanken gleichzeitig zu denken, und nicht mehrere gleichzeitig. Man muss sich immer für das eine oder für das andere entscheiden. Dieser Switch geht zwar schnell vonstatten, wenn aber sehr viele davon in kurzer Zeit geschehen, bedeutet das Stress für den Organismus. Wenn man dann nicht in der Lage ist, diese Situation im positiven Sinne zu ändern, die Spirale sich also weiter dreht, reagiert der Körper früher oder später mit Krankheit. Der Körper spricht mit uns. Er sagt: „Es ist zu viel davon, das schaffe ich nicht, bitte ändere etwas, sonst breche ich zusammen."

Es gibt Dinge, die wirken im JETZT quasi schon voraus. Sie denken schon daran, obwohl es erst noch auf Sie zukommt, zum Beispiel die nächste Besprechung, der kommende Termin mit dem Chef. Genauso gut gibt es Dinge, Ereignisse aus der Vergangenheit, die immer noch nachwirken, die beschäftigen Sie ebenso im JETZT, obwohl sie bereits vorbei sind.

Beides, Ereignisse aus der Vergangenheit, Situationen, die in der Zukunft liegen, können uns gedanklich so vereinnahmen, dass es uns schwer fällt, uns in der Gegenwart auf die jetzigen Dinge zu konzentrieren. Wenn bei einem Menschen viel von der Vergangenheit und von der Zukunft im Kopf herumschwirrt, und dies dann als Stressor einzustufen ist, zeigt sich das über die Körpersprache. Ganz ungünstig ist es, wenn es sich um Dinge oder Situationen handelt, die wir als schwierig einstufen, die uns Angst machen. Man ist dann unruhig, unkonzentriert, nicht bei der Sache, Blicke schwirren unkontrolliert hin und her, sogar die Unfallgefahr steigt. All dies sind keine günstigen Voraussetzungen, um Beratungsgespräche zu führen.

Deshalb ist es so wichtig, jeden Tag abends gut abzuschließen und zu wissen, wie oder womit der nächste Tag beginnt. Sind Dinge unsicher oder ungeklärt, beschäftigen sie uns in der Nacht. Diese Gedanken beeinflussen die Qualität des Schlafes negativ. Dabei ist die Erholungsphase lebenswichtig und die Verarbeitungsphase des vergangenen Tages ebenso. Wie lange das bei manchen Menschen braucht, erkennen Sie daran, dass jemand viele Tage im Urlaub benötigt, um gedanklichen Abstand von den Arbeitsinhalten zu gewinnen.

Also tun Sie sich und Ihren Mitmenschen etwas Gutes, indem Sie sich darin üben zu sagen: „Das Hier und Jetzt ist am wichtigsten." Alles andere kommt später, nur Mut.

▌▌ Zeigen Sie Empathie

So denkt und empfindet der Kunde:		Das bedeutet für Sie:
Ich bin wichtig!	→	Wie kann ich Wertschätzung zeigen?
Wird meine Situation berücksichtigt?	→	Wie erfahre ich von den Wünschen und Interessen des Kunden?
Wird mir diese Idee bzw. dieser Vorschlag nützen?	→	Welche Vorteile kann ich in meiner Beratung aufzeigen?
Wie lauten die Fakten?	→	Wie lautet meine konkrete Empfehlung oder Aktion?
Wie kann das gehen?	→	Wie sieht die konkrete Umsetzung aus?
Meine Entscheidung lautet!	→	Wie sieht der konkrete Maßnahmenplan aus?

Zeigen Sie Empathie (Einfühlungsvermögen) für Ihren Gesprächspartner. Er wird Ihnen gedanklich leichter folgen wollen. Arbeiten Sie mit Verträgen. Verträge sind dazu da, dass wir uns vertragen. Sie werden mit Vereinbarungen gestaltet. Eine Vereinbarung ist etwas, wozu beide ja sagen. Also: Wie lauten Ihre Vereinbarungen?

2. Andocken

Nachdem Sie nun in der ersten Phase die Begrüßung getätigt, den Gesprächsanlass genannt und weiterhin die ersten Vereinbarungen gestaltet haben (hinsichtlich Zeitrahmen, Thema, Ergebnis und Ziel der Besprechung), geht es in die nächste Phase.

Starten Sie, indem Sie mit dem Kunden die gemeinsame Vorgehensweise besprechen. Der unkluge, auf sich fixierte Verkäufer legt einfach los, so wie gewohnt, ob es dem Kunden gefällt oder nicht. In dieser zweiten Phase geht es um die inhaltlichen Dinge im Kundenterritorium, die Sie kennen sollten. Es sind die Interessen, die Wünsche, die Vorhaben, die Vorlieben und die Erwartungen des Kunden. Sie benötigen Informationen über die aktuelle (Gegenwart), sowie über die zukünftige (Zukunft) Situation des Kunden. Die Dinge, die der Kunde in der Vergangenheit an Versorgungs und Vorsorgemaßnahmen schon getroffen hat, sind ja ein Teil der Gegenwart. Anders ausgedrückt: Sie fragen nach den Wirklichkeiten und nach Möglichkeiten des Kunden.

Man sagt, sie können nur das sehen, was sie wissen. Ebenso ist das mit dem Hören. Die Kunst liegt im „Meta-Hören", was so viel bedeutet wie „zwischen den Zeilen" hören. Gutes Hören beeinflusst somit die Art und die Qualität der Fragen, die daraufhin gestellt werden.

 Arten des Zuhörens

„Ich-verstehe"–Zuhören

Eigentlich ist es kein Zuhören, sondern nur ein Auftakt zum Sprechen. Weil es aber als unhöflich gilt, dem anderen direkt ins Wort zu fallen, hat es sich eingebürgert, ihn mit einer „netten Floskel" zum Schweigen zu bringen, wie

■ Ich verstehe ....

■ Ja, da haben Sie recht, aber ....

■ Ja, da bin ich ganz Deiner/Ihrer Meinung, wie ....

Beim „Ich-verstehe"-Zuhören kann man sehr schön beobachten, dass zum Beispiel dem Sprechen in der Regel ein Kopfnicken, ein leichtes Vorbeugen oder Aufrichten des Körpers und ein Luftholen als nicht verbaler Auftakt vorangeht. Es handelt sich hier um Zeichen, die die Absicht ausdrücken, nun selbst zum Zuge kommen zu wollen. Bei diesem Pseudo-Zuhören wundert es, wie unbekümmert die Beteiligten aneinander vorbei reden und sich mit konventionellen Redewendungen abspeisen bzw. sich ein Pro-forma-Zuhören vorgaukeln lassen.

Aufnehmendes Zuhören

Dem Gesprächspartner sollte Aufmerksamkeit hör- und sichtbar deutlich gemacht werden, damit dieser wahrnimmt, dass ihm aufnehmend zugehört wird. Dazu gehört das Schweigen. Auch ohne zu sprechen sind wir in der Lage, einen Kommentar zum Gehörten abzugeben.

Wir können beispielsweise durch hörbar lautes Ausatmen, leichtes Kopfwiegen oder gar Kopfschütteln unsere Ungeduld zum Ausdruck zu bringen; durch rasches Luftholen oder nach vorn beugen können wir unser Desinteresse kundtun. Den gleichen Effekt erzielen wir, wenn wir uns mit etwas anderem beschäftigen, sei es mit einem Akten- oder Bierdeckel bzw. interessiert woanders hinschauen.

Echtes Schweigen bedeutet, unsere ganze Aufmerksamkeit auf den Gesprächspartner zu richten.

Blickkontakt, Kopfnicken: Das Kopfnicken hat dabei keinerlei zustimmenden Charakter, sondern drückt lediglich aus, dass wir gedanklich mitgehen. Ob wir tatsächlich aufnehmen, das heißt gedanklich mitgehen, drückt unser Körper sichtbar aus. Nicht nur unsere Gestik, auch unsere Mimik verrät, wie aufmerksam wir bei der Sache sind.

Umschreibendes Zuhören (Paraphrasieren genannt)

Im Gegensatz zum wörtlichen Wiederholen wird beim Umschreiben das soeben Gehörte mit eigenen Worten wiedergegeben. Umschreibendes Zuhören ist die einfachste und sicherste Möglichkeit, Missverständnisse bereits von Anfang an zu vermeiden.

Wenn Sie das Gehörte mit eigenen Worten wiederholen, fördern Sie das Gespräch aktiv. Durch Ihr Umschreiben geben Sie zu verstehen, dass Sie nicht nur zugehört, sondern auch das wesentliche der Aussage erfasst haben und bereit sind, weiterhin über das begonnene Thema zu sprechen.

Außerdem ist es bei dieser Vorgehensweise auch möglich, dem anderen etwas Positives zu sagen, was sich sofort günstig auf das Gespräch auswirkt.

Einstiegsformulierungen für das umschreibende Zuhören sind:

- ■ Ihnen ist wichtig, dass ....
- ■ Verstehe ich Sie richtig, das ....
- ■ Sie meinen, wenn ....
- ■ Ich habe jetzt verstanden, dass Sie .....
- ■ Was Sie sagen, fasse ich so auf ......
- ■ Wenn ich das richtig erfasst habe, dann geht es Ihnen um ....

Diese umschreibenden Formulierungen sind Äußerungen, die sich ganz und gar auf das beziehen, was Ihr Gesprächspartner bisher gesagt hat.

Aktives Zuhören

Eine besondere Kunst des Zuhörens bildet das aktive Zuhören. Hierbei wird nicht nur auf das geachtet, was der andere sagt, sondern auch, wie der andere spricht und sich verhält. Gefühle, Hoffnungen und Wünsche werden meist nicht direkt formuliert, doch schwingen sie in fast jeder Äußerung mehr oder minder deutlich mit. Beim aktiven Zuhören fragen Sie sich im Stillen:

- ■ Was empfindet mein Gesprächspartner?
- ■ Was ist an dem, was er gerade äußert, so wichtig?
- ■ Welches Interesse will er damit verfolgen?
- ■ Wie ist ihm zumute?
- ■ Was sind seine Gefühle?

So betrachtet ist das aktive Zuhören der Schlüssel zum Gesprächspartner, denn es begünstigt ein Klima der Verbundenheit und des Vertrauens.

Aktives Zuhören geht auf mitschwingende Emotionen ein, zum Beispiel:

■ Die haben das Gefühl, dass ...

■ Sie sind (zum Beispiel verärgert, traurig, glücklich) ...

■ Ich glaube zu verstehen, dass Sie ...

■ Sie meinen ...

■ Aus Ihrer Perspektive ...

Wenn Ihnen nicht klar ist, was der Sender meint, oder wenn er für aktives Zuhören nicht bereit ist, sind folgende Aussagen nützlich:

■ Könnte es sein, dass ....

■ Ich frage mich, ob ....

■ Gefällt Ihnen die Idee? ....

■ Sagen Sie mir, wenn ich mich irre ....

■ Ist es möglich, dass ....

■ Könnte es vorkommen, dass ....

■ Ich glaube, Sie richtig verstanden zu haben, denn ....

■ Es hört sich so an, als ob Sie .... (dieses Gefühl haben)

■ Es scheint, dass ....

|| Metahören (zwischen den Zeilen hören)

Abwerten

In Verkaufsgesprächen können wir manchmal erleben, dass der Verkäufer ein real existierendes Versorgungsproblem des Kunden anspricht, der Gesprächspartner (Kunde) aber sieht das Problem nicht oder er bewertet die Situation anders.

Kennzeichnend sind hierzu Äußerungen wie:

- „Also, ich weiß gar nicht, wovon hier die Rede ist." „Nun machen Sie mal nicht gleich aus jeder Mücke einen Elefanten."
- „Sie haben ja vielleicht Recht, aber da kann man nichts machen."
- „Da haben wir schon alles versucht."

Bleibt es dabei, reden alle Beteiligten aneinander vorbei, da sie von unterschiedlichen Einschätzungen der Situation ausgehen. So könnten die entsprechenden Antworten hinsichtlich der Empfehlung zu einem dringenden Arztbesuch lauten:

- „Wieso? Tut doch gar nicht weh!"
- „Wenn ich wegen jedem Wehwehchen gleich zum Arzt rennen würde…"
- „Da kann der Arzt auch nichts machen. Man wird womöglich nur noch kränker."
- „Du weißt doch genau, welche Angst ich vor Ärzten habe."

Durch diese Aussagen/Reaktionen werden

vier Stufen des Problembewusstseins

erkennbar:

Die betreffenden Personen bestreiten, dass überhaupt ein Problem existiert. Die typische Äußerung auf dieser Stufe lautet:

- „Ich weiß nicht, was Du hast, da war (ist) doch gar nichts!"

Sie spielen die Bedeutung des Problems herunter. Eine typische Äußerung wäre:

- „Das macht doch nichts, das sollte man nicht überbewerten!"

Die behaupten, das Problem sei nicht anders lösbar, etwa mit folgender Formulierung:

- „Da kann man nichts (anderes) machen!"

Sie sehen keine Möglichkeit, sich persönlich anders zu verhalten, um das Problem zu lösen bzw. zu vermeiden. Sie sagen beispielsweise:

- „Ich kann das nicht (anders)!"

All diesen Stufen liegt eine Leugnung bzw. Abwertung von bestimmten Aspekten der Realität zugrunde. Wer abwertet, verzerrt Aspekte von sich, von anderen und/oder einer Situation. Er nutzt Fähigkeiten nicht, die er eigentlich zur Verfügung hat. Er blendet situativ sein Problemlösungspotenzial aus. Abwerten dient der Rechtfertigung von Passivität bei der Lösung eines Problems.

▌▌ Was tun bei Abwertungen?

Zunächst ist es wichtig, diese Abwertungen kennen zu lernen, um sie dann im Gespräch zu erkennen. Dies wiederum bedarf einiger Übung. Also muss die Wahrnehmung diesbezüglich geschult werden.

Je stärker sich eine Abwertung darstellt, umso eher muss ich darauf eingehen. Die Beachtung niedriger Stufen der Abwertung ist sinnlos, wenn noch höhere Grade der Abwertung vorliegen.

Beispiel: Es ist zwecklos, über Lösungsmöglichkeiten zur Veränderung zu sprechen, wenn der Gesprächspartner die Situation oder das Problem nicht wahrnimmt, oder die Situation erkennt, ihr aber eine geringe Bedeutung zumisst und deshalb keinen Handlungsbedarf daraus ableitet.

Die Bearbeitung von Abwertungen muss ebenfalls geübt werden. Man benötigt ein Repertoire von sanften Hinweisen bis hin zu deutlichen Anweisungen.

Manchmal hört es sich für Sie so an, als hätte man Ihnen das Wort im Munde herumgedreht, dann handelt es sich wahrscheinlich um das

Redefinieren.

Redefinitionen sind sozusagen die vertauschten Wegweiser, Stolpersteine und Dornenhecken, die dazu führen, dass wir uns in bestimmten Situationen im Irrgarten der Kommunikation verstricken. Meistens fällt einem das Redefinieren gar nicht sofort auf den ersten Blick auf Vielmehr wundert man sich irgendwann und ärgert sich. Deshalb ist es wichtig, seine Wahrnehmung diesbezüglich zu sensibilisieren und zu schulen.

Beispiele:

A: „Dieses Ergebnis ist nicht richtig."

B: „Ich weiß, ich mache immer alles falsch."

B verallgemeinert den Hinweis von A, der sich auf ein Ergebnis bezieht in doppelter Hinsicht: „immer" und „alles".

A: „Wie fühlst Du Dich jetzt?"

B: „Ich denke, dass ich darüber hinweg kommen werde."

B geht nicht auf die Frage nach dem Gefühl ein, sondern wechselt zum Denken und von der Gegenwart in die Zukunft.

Redefinitionen sind ein komplexes System von Annahmen, Einstellungen, Phantasien und Vorurteilen, was in der Kommunikation „Bezugsrahmen" genannt wird.

Wie kann man nun mit Redefinitionen umgehen?

Umgang mit Redefinitionen

Beim Thema bleiben
Achten Sie darauf, dass Äußerungen nicht unmerklich verdreht und dann zur weiteren Gesprächsgrundlage gemacht werden. Kehren Sie, falls nötig, ruhig und beharrlich zum Anfangsthema zurück:

■ Der Punkt, um den es mir geht, ist…

■ Ich möchte noch einmal auf meine Frage zurückkommen …

Mit dem neuen Aspekt der Redefinition mitgehen (später zum Thema zurückkehren)
Statt zu insistieren, können Sie entscheiden, bewusst auf das neue Thema einzugehen, um zu verstehen, was Ihren Gesprächspartner beschäftigt bzw. um den Kontakt nicht zu verlieren:

- Ihnen kommt es eher darauf an …….

- Und was genau ist es, was sie beschäftigt …..

Mit Redefinitionen konfrontieren
Hartnäckiges Redefinieren können Sie explizit ansprechen. Fordern Sie Ihr Gegenüber auf, direkt zu sagen, was er will oder nicht will:

- Ich habe den Eindruck, dass Sie mir ausweichen, Sie können es mir gern direkt sagen, wenn ……..

- Ich verstehe Ihre Antwort nicht. Es ist mir wichtig, von Ihnen zu erfahren …..

Unterschiedlichen Bezugsrahmen thematisieren
Ziel ist es, deutlich zu machen, dass Sie aneinander vorbei reden, weil Sie die Dinge aus verschiedenen Bezugsrahmen heraus betrachten und beurteilen:

- Ich merke, dass Sie anders auf meine Frage reagieren, als ich erwartet habe. Was bitte hat Sie dazu veranlasst?

- Ich merke, dass wir im Moment aneinander vorbei reden, und ich frage mich ….

- Mir scheint, dass Sie das Thema aus einem anderen Blickwinkel betrachten.

Diese vier Möglichkeiten sind abgestuft hinsichtlich ihrer Komplexität und Interventionstiefe. In der Gesprächsführung in beruflichen Kontexten sind vor allem die Varianten 1 und 2 geeignet.

▌▌ Fragen sind Türöffner zu neuen Räumen!

Durch Fragen wird nicht nur Information gewonnen, sondern auch geschaffen.

In jeder Frage versteckt sich eine implizite Aussage, die

- ■ potenziell verstören kann
- ■ eigene Ideen bei der befragten Person anstößt
- ■ Botschaften vermittelt
- ■ neue Informationen im System erzeugt
- ■ Sichtweisen und Denkprozesse anregt
- ■ Beziehungsmuster deutlich macht
- ■ Ereignisse im Prozess aufzeigt

Wir unterscheiden Fragen nach

- ■ Form.......... direkt oder zirkulär
- ■ Inhalt......... Suchrichtung (problem- oder lösungsorientiert)
- ■ Funktion... Phase des Gesprächs (Klärung, Bearbeitung)
- ■ Art............. Offene bzw. geschlossene Frage, Gegenfrage
- ■ Typ............ Vergleich, Hypothese, Ausnahme

Beratung benötigt Informationen ....

über das was ist	über das was sein soll
Wirklichkeitskonstruktion	Möglichkeitskonstruktion
aktueller Kontext	noch nicht verwirklichte
aktuelle (Beziehungs-) Muster	Beziehungsoptionen

1. Form: direkt oder zirkulär

Unter direkten Fragen ist zu verstehen, dass Sie den Gesprächspartner direkt ansprechen. Es ist demnach die direkte Anrede („Sie" oder „Du") in der Frage zu hören. Weiterhin wird bei dieser Form nach einfachen, linearen Ursache-Wirkungs-Zusammenhängen gefragt. Beispiele hierzu finden Sie unter Punkt 5. *Fragetyp.*

Da diese Form oft nicht zum gewünschten Erfolg führt, können wir mit systemischen Fragen eingefahrene Wege verlassen und kreative Prozesse anstoßen. Dadurch werden mehr Transparenz und ein anderes Problembewusstsein erzeugt. Es sind die zirkulären Fragen, das sogenannte „Mehr-Brillen-Prinzip".

Diese Form ist gut geeignet, um an mehr Informationen zu gelangen. Diese Informationen benötigt man

- um Strukturen und Beziehungen sichtbar zu machen;

- um komplexe Handlungsabläufe klarer zu machen;

- um selbst regulierende Mechanismen (und Teufelskreise) zu erkennen sowie

- um verdeckte Koalitionen und Tabus in Erfahrung zu bringen.

Das Prinzip des „Um-die-Ecke-Fragens" in Abwesenheit und/oder Anwesenheit dritter beteiligter Personen:

„Was wird sich wohl für Ihre Familie nach Abschluss dieser Vorsorgemaßnahme ändern?"

Weitere Beispiele finden Sie unter 5. *Fragetyp.*

2. Inhalt: Suchrichtung: problem- oder lösungsorientiert

Ob Sie problemorientiert oder lösungsorientiert fragen, hängt davon ab, in welche Richtung Sie suchen wollen. Was ist Ihr Interesse hierbei? „Problemorientiert" bewegt sich von der Gegenwart in die Vergangenheit; „lösungsorientiert" bewegt sich von der Gegenwart in die Zukunft. Bedenken Sie: Die Vergangenheit ist die Zeit, die Sie nicht mehr beeinflussen können. Wo wollen Sie Ihre gedankliche Energie einsetzen?

Ein einfacher, aber wirksamer Gedankengang mit einer Struktur zur Orientierung könnte lauten:

- ■ Wie ist die Situation?
- ■ Welche Auswirkungen gibt es in dieser Situation?
- ■ Welche Personen sind in dieser Situation beteiligt?
- ■ Wo wollen Sie hin? Wie lautet das Ziel?
- ■ Wie kommen Sie dahin? Wie ist die Umsetzung?

Überlegen Sie bitte vorher, ob Sie problemorientierte Fragen stellen wollen, und wozu Sie die gewonnenen Informationen dann gebrauchen. Als systemischer Berater habe ich festgestellt, dass die Bearbeitung eines Problems sehr oft auch ohne problemorientierte Fragen auskommt, um das gewünschte Ergebnis zu erzielen.

Die Gefahr der problemorientierten Fragen besteht noch auf einer nicht zu unterschätzenden Ebene, nämlich der emotionalen. Probieren Sie es doch einmal aus, wie es ist, wie sich jemand fühlt, wenn man ihn mit Fragen in die Vergangenheit schickt und ihm dann vor Augen führt, wie alles begann, wie es sich entwickelt hat und wie schlimm die Sache heute ist, toll.

Problemorientierte Fragen

1. Was ist das Problem?

2. Seit wann ist das so, wann hat es angefangen?

3. Was sind mögliche Ursachen für das Problem?

4. Wer ist an dieser Situation beteiligt?

5. Welche Auswirkungen gibt es auf Grund dieses Problems?

6. Wie oft und wo tritt das Problem besonders stark auf?

7. Was wird geschehen, wenn das Problem bestehen bleibt?

8. Welche Auswirkungen hätte das Problem, wenn es noch schlimmer/stärker wird?

9. Welche Gefühle kommen bei Ihnen auf, wenn Sie an das Problem denken?

10. Wann und wo beschäftigt Sie das Problem?

11. Wie erklären Sie sich das Problem?

12. Hatten Sie schon mal ein ähnliches Problem in der Vergangenheit?

Lösungsorientierte Fragen

1. Wie beschreiben Sie die Situation?

2. Wie lautet Ihr Ziel? Was haben Sie vor?

3. Welche bisherigen Lösungsideen gibt es dazu?

4. Wann, wo ist das Problem nicht vorhanden?

5. Wer oder was wäre hilfreich für die notwendige Veränderung zur Situation?

6. Was soll so bleiben, wie es ist?

7. Was würden Sie sich als Ihr Berater sagen hören können?

8. Wie würde ein Profi an die Sache herangehen?

9. Welche Ressource müssten Sie aktivieren oder initiieren, um eine Lösung zu finden?

10. Wer könnte Ihnen in dieser Situation hilfreich zur Seite stehen?

11. Angenommen, das Problem wäre über Nacht verschwunden: Was wäre dann anders?

12. Was ist eigentlich bei anderer Betrachtung das GUTE am SCHLECHTEN?

3. Funktion: Ziel/Absicht/Intention

Fragewörter und ihre Funktion

Die Funktion zielt auf die Absicht, auf das was damit hinterfragt wird. Zur Erläuterung einige Beispiel anhand offener Fragen. Offene Fragen werden auch als „W-Fragen" bezeichnet, weil viele von ihnen mit folgenden Wörtern beginnen:

- ■ was, wie, welche, wozu, warum, wann, wer etc.

In der Regel wird der Gefragte dann mit einem ganzen Satz antworten und nicht nur mit ja oder nein, wie es bei der sogenannten geschlossenen Frage möglich ist. Offene Fragen werden also gestellt, wenn jemand mehr Informationen haben möchte und dem Gesprächspartner die Wahl der Antwort überlassen wird.

Mit	wird hinterfragt
Wer?	Zielverantwortung
Wie? Wohin?	Zielweg
Wann? Bis wann?	Zielfrist
Wo? Wohin?	Zielort
Wie viel?	Zielmenge, -höhe, -umfang
Wie lange?	Zielzeit
Was?	Zielinhalt

4. Frageart

<u>Öffnende Fragen</u>

Beispiel: „Was erwarten Sie von mir?"

Die Fragen lassen dem anderen viele Antwortmöglichkeiten, von ganz kurz bis sehr ausführlich. Jedenfalls denkt der Gesprächspartner in die vorgegebene Richtung nach und wird zum Sprechen ermuntert. Er fühlt sich dadurch mit seinem Anliegen als Person ernstgenommen.

Da die Fragen meist ein „W-Fragewort" beinhalten (Wie, Was, Wieso, Weshalb ...), nennt man sie auch „W-Fragen".

Schließende Fragen

Beispiel: „Sind Sie damit einverstanden?"

Diese Fragen grenzen das Antwortspektrum stark ein: Auf Zustimmung bzw. Ablehnung kurze und abschließende Antworten. Eine Fortsetzung des Gesprächs bedarf dann einer neuen Frage. Werden zu viele solcher Fragen aneinander gereiht, besteht die Gefahr, dass eine Art „Verhör" entsteht. Gut geeignet sind solche Fragen zur checklistenartigen Überprüfung bestimmter Sachverhalte, um klare Entscheidungen herbeizuführen oder um ein Gespräch abzukürzen bzw. zu beenden.

Alternativfragen

Beispiel: „Möchten Sie um …. Uhr oder lieber um …. Uhr kommen?"

Der Gesprächspartner hat mehrere – vorgegebene – Antwortmöglichkeiten zur Auswahl. Die meisten Menschen wählen in dieser Situation eine der angebotenen Alternativen aus. Dadurch können Entscheidungen erleichtert und gelenkt werden, ohne dass sich der andere bevormundet fühlt.

Suggestivfragen

Beispiel: „Sind Sie nicht auch davon überzeugt, dass man in jedem Fall irgendwann Öl wechseln sollte?"

Dabei wird durch die Formulierung der Frage eine bestimmte Antwort als eigentlich selbstverständlich vorausgesetzt – und damit eine andere Reaktion sehr schwer gemacht. Wenn auch viele Gesprächspartner solchen Formulierungen nachgeben, droht unausgesprochene Verärgerung darüber, dass man sich hat „überreden" lassen. Deshalb sollten Sie Suggestivfragen vermeiden.

Rhetorische Frage

Beispiel: „Weshalb sollten die Kosten gesenkt werden?"

Die Frage erwartet keine Antwort, vielmehr startet man in dieser Art das Gespräch und beantwortet im Folgenden durch seine Ausführungen die Frage selbst. Eine rhetorische Frage dient am Anfang einer Rede dazu, die Gedanken der anderen in eine bestimmte Richtung zu lenken.

5. Fragetyp

Erklärung

Ideen darüber, wie man sich das zu erklärende Phänomen erklärt.

<u>Direkt:</u>   „Wie erklären Sie sich, dass Ihr Problem dann nicht auftritt?"

<u>Zirkulär:</u>   „Was glauben Sie, wie es sich Ihre Kollegen erklären, dass Ihr
             Problem dann nicht auftritt?"

Zukunft

Verschieben der Zeitperspektive in die Zukunft.

<u>Direkt:</u>   „Wenn wir uns nach einem halben Jahr hier wieder treffen
             und ich frage Sie, was aus dem Problem geworden ist, was
             werden Sie mir antworten?"

<u>Zirkulär:</u>   „Wenn wir uns in einem halben Jahr hier wieder sehen, und
             ich frage Sie, wie es Ihnen geht, was werden mir wohl Ihre
             Kollegen erzählen?"

Vergangenheit

Verschieben der Zeitperspektiven in die Vergangenheit.

<u>Direkt:</u>   „Als Sie vor der Entscheidung standen, dieses Problem anzu-
             sprechen, was hatte da den Anstoß gegeben?"

<u>Zirkulär:</u>   „Wenn ich Ihre Kollegen fragen würde, was für Sie damals
             den Anstoß gegeben hat, was würden die mir wohl sagen?"

Veränderung

Change is a constant prozess – stability is an illusion.

<u>Direkt:</u>   „Seit Sie sich entschieden haben, dieses Problem   anzuspre-
             chen: Was hat sich schon verändert?"

Hypothesen

Ideen darüber, „was wäre, wenn?"

Direkt: „Angenommen, ich würde Ihnen sagen, Ihr Problem hätte diese oder jene Ursache. Was wäre dann für Sie anders?"

Zirkulär: „Angenommen, ich würde Ihnen sagen, Ihr Problem hätte diese oder jene Ursache. Was wäre dann für die Gruppe anders?

Vergleich

Verschiedene Möglichkeiten der Vergleiche, Skalierung etc.

Direkt: „Wenn Sie das Problem so lösen: Wer hätte dann wohl am meisten davon?"

Zirkulär: „Wo würde Ihr Kollege das Problem auf einer Skala von 1 bis 10 vor der Lösung einstufen?"

Metapher

Bilder aufgreifen, ggf. einführen und im Rahmen der Bilder reden/fragen.

Direkt: Wenn Sie sagen, dass Sie sich bei dem Kunden wie ein Alleinunterhalter vorkommen, in welcher Sparte treten Sie dann auf?

Zirkulär: Was würde mir wohl Ihr Kunde erzählen, in welcher Sparte …………

Operationalisierung

Macht Phänomene „greif"-bar.

Direkt: „Woran würden Sie erkennen, dass sich Ihr Problem jetzt verringern wird?"

Zirkulär: „Woran würde ich erkennen, dass sich Ihr Problem jetzt verringern wird?"

Ausnahmen

Den Fokus auf „störungsfreie" Zeiten/Situationen verändern.

Direkt: „In welchen Situationen tritt das Problem nicht/weniger auf?"

Zirkulär: „Woran würde ein Außenstehender erkennen, dass das Problem gerade nicht da ist?"

Perspektivenwechsel

Verändert den Blickwinkel oder den Betrachter.

Direkt: „Was glauben Sie, wie xy das Problem beschreiben würde?"

Zirkulär: „Was würde Ihnen fehlen, wenn Sie das Problem nicht hätten?"

Logik des Absurden („Paradox")

Führt Widersprüche, Absurditäten und Un-Logik ein.

Direkt: „Was können Sie tun, damit das Problem noch verschlimmert wird?"

Zirkulär: „Was glauben Sie, könnte ich tun, damit …..?"

Wie schon eingangs von mir erwähnt, sind die Elemente

▌▌ Fragen und Hören

die wichtigsten in Gesprächen. Leider wird bei Verkäufern an der „Frage-Architektur" nur wenig bis gar nicht gearbeitet. Im weiteren Verlauf darf ich Ihnen meine Gedanken hinsichtlich des Themas „Was man zu Fragen alles fragen kann" mitteilen.

Die Art, Fragen über Fragen zu stellen:

Was sind Fragen?

Fragen werden gestellt, Antworten werden gegeben, aber worauf und wozu, vielleicht ja auf die Frage, oder hat die Antwort nur bedingt damit zu tun?

Sind Fragen vielleicht nur ein Umweg, um etwas sagen zu wollen oder zu können, und ist dann eine Frage noch als Frage zu sehen? Sind Fragen demnach eher hilfreich oder doch nur störend, um etwas sagen oder fragen zu wollen?

Und wer sollte eigentlich die Antwort auf eine Frage hören: der Befragte, der Fragende oder beide, oder vielleicht ein Dritter?

Wozu müsste wer die Antwort haben wollen, und in welcher Form? Verbal, nonverbal, schriftlich, oder wie sonst noch?

Und was ist, wenn man nicht antworten kann, will, darf oder möchte, zum Beispiel weil das Gewissen nein sagt? Oder wer könnte sonst noch nein sagen dürfen?

Gibt es vielleicht gute und schlechte Fragen? Wenn ja: Woran erkennt man sie? Gibt es erlaubte und unerlaubte oder verbotene Fragen, und wer entscheidet dies? Kann man jedem jede Frage stellen? Und wenn nicht: Wie dann?

Oder muss man jedem jede Frage beantworten? Oder könnte man auch ohne gefragt zu sein antworten?

Welche Fragen hätte ich gern gestellt bekommen? Berufliche oder private? Und welche Fragen würde ich lieber nicht gestellt bekommen haben?

Was offenbare ich vielleicht von mir mit meinen Fragen? Woran erkenne ich, ob die Frage ehrlich, offen, ernst gemeint, oder sonst geartet sein kann? Was ist die wirkliche, die dahinter liegende Absicht der Frage? Was will ich wirklich vom anderen? Was er tun oder lassen soll, was er denken soll, oder wie er sich fühlen soll? Wer weiß das schon? Kann man sich mit Fragen auch schützen? Ist das Fragen auch in Kombination mit Imponiergehabe und Fassadentechniken sinnvoll?

Welche Funktion hat die Frage-Strategie? Welche Strategie habe ich mir angeeignet: Vom Detail zum Ganzen?

Vom Ganzen zum Detail? Oder lieber durcheinander, mal so, mal so, mal hier mal dort? Geordnet und strukturiert, aber wonach?

Es gibt ja auch die Doppelfragetechnik oder die Frageketten-Strategie, aber wozu?

Fühlt man sich eigentlich noch gleichwertig bei so manch gestellten Fragen? Und ich frage mich, was sonst noch so alles das Fragen beeinflussen könnte? Spielen etwa die Hierarchie, das Alter, das Geschlecht, die Erfahrung, die Kompetenz, die Wünsche und Bedürfnisse, auch monetäre und überhaupt die Erwartungen des Fragenden eine Rolle? Oder wie wirkt sich die Tagesform auf die Qualität der Fragen aus?

Wieso will der Fragende alle rhetorischen Fragen selbst beantworten? Frage ich wen wozu wann lieber direkt, indirekt oder verdeckt, offen und einfach, geschlossen, ein bisschen suggestiv, vielleicht aber auch alternativ, oder nur nonverbal?

Bei zirkulären Fragen, die eventuell konjunktivistisch, etwas hypothetisch, aber als öffnende Frage gestellt werden, wird mir ja als Fragender schon ganz schwarz vor Augen. Wie könnte man da noch eine Antwort erwarten?

Darf man Fragen auch mit Metaphern stellen, oder müssen diese vorher strategisch und taktisch ausgewogen werden? Angenommen, die Antwort passt nicht zur Frage: Was dann?

Wie oft darf man die gleiche Frage hintereinander stellen, also wiederholen? Oder sollte man dann die Frage an einen anderen Antwortgeber richten?

Also: Es gibt ja Fragearten, es gibt Fragetypen, es gibt Fragefunktionen, es gibt Fragerichtungen, es gibt direkte und indirekte, es gibt zirkuläre und es gibt systemische und bestimmt noch vieles andere mehr, was man zu Fragen alles fragen kann. Auf jeden Fall sind Fragen Türöffner zu neuen Räumen. Sind Sie mutig, trauen Sie sich, bleiben Sie neugierig. Und viel Spaß dabei.

Abarbeiten

Je nachdem, um was es sich handelt bzw. was es zu bearbeiten gilt, ist eine entsprechende unterschiedliche Arbeits- und Vorgehensweise nötig, die vor Beginn wiederum mit dem Gesprächspartner zu vereinbaren ist.

Beispielsweise kann es darum gehen, Informationen auszutauschen, weiterzugeben, Lösungen zu erarbeiten oder Probleme zu bearbeiten.

Meine Definition für ein Problem lautet:

Ein Problem ist eine Situation, in der Handlungsbedarf besteht.

Es sollte als etwas geschehen, wenn man nicht mit der speziellen Situation (Problem genannt) weiter leben möchte.

Probleme haben die Eigenart, dass sie nerven, wenn sie nicht beachtet werden. Sie kommen immer wieder, sie erreichen uns sogar nachts im Schlaf, in unseren Träumen, sie geben keine Ruhe, sie vergrößern sich, sie wachsen, damit sie nicht übersehen werden. Also sitzen Sie Probleme nicht aus. Verschließen Sie nicht die Augen und tun so, als wäre nichts passiert. Es rächt sich irgendwann und das ist es nicht wert.

Weiterhin ist es wichtig, dass Sie jetzt in dieser Phase mit der richtigen Person am Tisch sitzen. Es gilt zu wissen: Was können Sie beeinflussen, was kann Ihr Gesprächspartner beeinflussen bzw. **entscheiden**? Wie lautete die ursprüngliche Vereinbarung? Was war der Auftrag und wie passen die Kompetenzen dazu? Wenn für die weitere Bearbeitung die Rahmenbedingungen günstig sind, geht es darum, Win-Win-Lösungen zu gestalten.

Arbeiten Sie, wenn es geht, gemeinsam daran. Der Gesprächspartner muss erkennen können, dass mit der Lösung seine Interessen gewahrt sind, dass seine Wünsche und Ziele Berücksichtigung finden. Manchmal erarbeitet man eine Komplettlösung, kann aber nur eine Teillösung umsetzen. Fragen Sie sich: Wie viel von der Komplettlösung geht sofort und wie? Was geht später? Sie sollten dann wissen, welche Prioritäten der Gesprächspartner setzt. Schauen Sie durch die Brille mit den Begriffen von Wichtigkeit und Dringlichkeit.

Die Regel lautet: Wichtigkeit geht vor Dringlichkeit.

Es ist die Kunst eines Beraters, so zu beraten, dass er keine Ratschläge erteilt. Nein, helfen Sie dem Kunden durch Ihre Fragen, durch Ihre Antworten, durch Ihre Informationen dahingehend, dass er in die Lage versetzt wird, Entscheidungen selbst treffen zu können. Dadurch zeigen Sie Wertschätzung. Außerdem ist der Kunde Experte für seine Probleme bzw. verantwortlich für das Umsetzen von Lösungen, denn er wird die Auswirkungen als erster erleben.

Zuhören, hinhören und fragen sind die wirklich wichtigen Elemente, die es gilt, zu üben.

Oft erlebt man auch die Verkäufer, die glauben zu wissen, was der andere (Kunde) braucht; nicht weil er es will, sondern weil es doch wichtig und nötig ist. Er, der Verkäufer, ist doch schließlich der Experte für diese Dinge. Es sind für mich die destruktiven Helfer, die mit einem verdeckten Appell den Kunden zu etwas veranlassen wollen, was für den Kunden so noch nicht entschieden ist. Stornogefahr schwebt in der Luft.

Der Fachbegriff lautet „Self Hugging" im Verkaufsgespräch.

Im Verkaufsgespräch gibt es viele Fallen für den Verkäufer. Gemeint ist damit beispielsweise die Selbstbezogenheit oder die Selbstschmeichelei. Jeder Mensch hat eine natürliche Tendenz, andere durch die Brille seiner eigenen Interessen, Wünsche und Motive wahrzunehmen.

Die Neigung zum Self Hugging ist für viele zwischenmenschliche Missverständnisse verantwortlich. Sie schafft die meisten blinden Flecken in unserem Verständnis für die anderen. Self Hugging beeinträchtigt die Art, wie wir Partner, Arbeitskollegen oder Mitmenschen beurteilen und ihre Handlungen einschätzen. Wir begreifen oft nicht, dass andere Menschen auch andere Interessen, Motive und Wünsche haben. Vom Kopf her wissen wir zwar, dass sie unterschiedliche Werte und Ziele verfolgen, aber im Grunde genommen sehen wir nicht ein, dass sie nicht genau wie wir denken, fühlen und handeln.

Self Hugging ist schädlich für das zwischenmenschliche Miteinander. Ihre Individualität trennt Menschen wie eine Mauer, und jeder sieht nur, was auf seiner Seite passiert. Je mehr man aber in solchen Eigenperspektiven gefangen ist, desto größer ist die Gefahr, eigene Motive („Was für mich gut ist, ist auch für andere gut") auf Partner, Freunde oder Kollegen und Kunden unreflektiert zu übertragen und viele unnötige Missverständnisse und Konflikte zu schaffen.

Beim Self Hugging unterscheidet man drei Aspekte, die im Alltag zusammenwirken: Missverstehen, Selbstillusion und Wertetyrannei.

Missverstehen ist die Konfusion, die entsteht, wenn man nicht glauben kann, dass sich andere auch wirklich anders verhalten; dass andere manches für sinnvoll oder sinnlos halten; dass andere eigene Überzeugungen haben und nach anderen Glaubenssätzen ihr Leben gestalten und handeln. Viele sind nicht in der Lage zu glauben, dass man etwas auch anderes betrachten kann; viele sind nicht bereit eine Situation mal von einem anderen Standort zu betrachten.

Paul Watzlawik (Anleitung zum Unglücklich sein; Was ist das Schlechte am Guten?) hat in vielen seiner Bücher davon geschrieben.

Mit **Selbstillusion** ist die Selbstverständlichkeit gemeint, mit der man davon ausgeht, dass man selbst die besten Werte und Motive hat und dass diese deshalb auch für die anderen gelten müssen. Einer Selbstillusion sitzen Nichtehrgeizige Menschen auf, wenn sie ehrgeizigen Menschen raten, doch nicht immer so viel zu arbeiten und statt dessen einmal an den Rosen zu riechen. Sie realisieren nicht, dass ehrgeizige Menschen das, was sie tun, genießen können.

Wertetyrannei ist der ungute Versuch, andere mehr oder minder nachdrücklich zu überreden, zu überzeugen oder sonst wie „hinzubiegen" von ihren falschen Vorhaben doch zu lassen. Wenn das ein Dauerzustand ist, wird die Beziehung darunter leiden und bald beendet sein. Keiner lässt sich gern und freiwillig über längere Zeit unter Druck setzen.

Großzügigkeit will gelernt sein. Der andere darf es auf seine Weise tun: das Denken, das Fühlen und das Handeln.

Das Präsentieren von Ergebnissen, das Erörtern von möglichen Lösungen, das sich Verständlichmachen ist wichtig, damit der Gesprächspartner etwa die ähnlichen Bilder dazu im Kopf entstehen lassen kann. Der Kunde muss sich mit den Bildern, die Sie verbal liefern, identifizieren können, er muss diese wieder erkennen, sonst fehlt die emotionale Nähe und es gibt keine Handlung, die gewünschte (der Abschluss) schon gar nicht. Das bedeutet, dass die Info über das, was Sie visualisieren wollen, nur der Kunde liefern kann. Ergo müssen Sie fragen, hören, fragen, hören und paraphrasieren.

Da der Gesprächspartner auch persönliche Zuwendung erleben möchte, ist es für Sie außerordentlich wichtig, dass Sie sich ihm gegenüber wertschätzend zeigen und verhalten. Daraus resultiert, dass die Bilder absolut für ihn, den Kunden, zugeschnitten und entstanden sind. Alle schon mitgebrachten, vorgefertigten Unterlagen sind zwar hilfreich, haben aber nicht den gleichen Stellenwert für den Kunden, denn diese sind ja für alle, für mehrere, und für andere auch noch da, oder eventuell schon da gewesen, also Second Hand. Wenn Sie gut hinhören, werden Sie Dinge aufnehmen können und weiter verarbeiten lernen – wie man es mit Metaphern praktiziert.

▌▌ Metapher

WAS?

Bildhafter Ausdruck (von griechisch metapherein = übertragen)

Eine Metapher ist ein Sammelbegriff für Analogien, Vergleiche, Geschichten, Märchen, Parabeln oder Mythen. Mit Metaphern kommunizieren wir indirekt. Der Gesprächspartner hat die Freiheit, sich mit den dargestellten Gestalten, Beziehungen, Ereignissen, Entwicklungen und Lösungen zu identifizieren oder auch auf Distanz zu bleiben.

WOZU?

Metaphern sind

Ein hervorragendes Instrumentarium, um innere Zustände bei anderen zu verändern und um Ressourcen zu aktivieren. Metaphern können eine Dissoziation von einem Problem bewirken, wenn das Problem in einen anderen, oft weniger belastenden Kontext gestellt wird.

Metaphern erlauben es, eine Vielzahl von Kommunikationszielen zu erreichen, zum Beispiel:

■ um Aufmerksamkeit anderer zu erringen, wenn zum Beispiel am Anfang einer Rede eine Geschichte erzählt wird,

WESHALB?
- um komplizierte Sachverhalte zu illustrieren,
- um Trancen zu induzieren,
- um kreative Prozesse in Gang zu setzen oder
- um elegant Feedback zu geben.

Metaphern sind gut geeignet, um Identitätsvorstellungen zu beeinflussen.

WIE?
Der Verkäufer greift eine Schilderung auf und formt sie weiter aus, der Verkäufer bietet eigene Bilder (Metaphern) an, gemeinsam werden neue Geschichten oder Vergleiche erarbeitet. Eine gemeinsame Dekonstruktion bzw. Reflexion der Metapher wird möglich.

Achtung!
Um die Gefahr von Missverständnissen zu reduzieren, ist ein Nachfragen, Hinterfragen und Paraphrasieren unerlässlich.

Deshalb!
Für die Konstruktion einer wirkungsvollen Metapher sind **drei** Kriterien zu beachten:

- Die Geschichte muss dem Problem strukturell ähnlich sein. Das betrifft die Elemente, wie Personen, Dinge, Beziehungen untereinander.

- Es muss eine Lösung vorhanden sein. Günstig ist es, wenn die metaphorisch angebotene Lösung einfach ist und es sich fast zwangsläufig ergibt, so als entspräche sie dem natürlichen Verlauf der Dinge.

- Die angebotene Lösung sollte ökologisch sein, sonst kann es Akzeptanzprobleme geben.

▌▌ Meine Werte und Grundhaltung

Darf der Kunde eigentlich im Gespräch reagieren, wie er es möchte? Im Prinzip ja, wenn es denn im Sinne des Verkäufers geschieht, oder? Denn sonst gibt es für den Kunden je nach Ermessen des Verkäufers eine sogenannte

Einwand-/Vorwandbehandlung,

als Therapie, sozusagen.

In der Regel wird dann mit Argumenten, Behauptungen und Überredungsversuchen operiert. Diese Behandlungsmethode wird im Termingespräch und auch im Verkaufsgespräch zur Anwendung gebracht.

Es läuft ungefähr folgendermaßen ab:

1. Der Verkäufer möchte vom Kunden zum Beispiel einen Termin, eine Zusage, einen Abschluss, oder ähnliches.

2. Der Kunde reagiert daraufhin anders als vom Verkäufer erwartet und gewünscht.

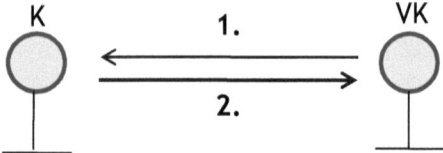

Diese Situation kann der Verkäufer jetzt so nicht (weil nicht in seinem Sinne) stehen lassen. Die (Vorwand-/Einwand-) Behandlung beginnt also mit dem Zweck, den Kunden zu der Einsicht zu bringen, dass es doch besser für ihn wäre, so zu reagieren, wie der Verkäufer es für den Kunden gern hätte.

Eine solches Vorgehen kann als Methode des Überredenwollens bezeichnet werden. Es wird mit Argumenten und mit Behauptungen operiert, pardon, behandelt. Betrachten Sie dieses Kommunikationsmuster doch einmal mit dem Modell der „Okay-Positionen" und damit verbundenen Werte und Grundhaltungen, die ich dann dem Gesprächspartner entgegen bringe. Hier findet doch eher eine asymmetrische Kommunikation mit der Haltung „Ich bin okay – Du bist nicht okay" statt. Wer will denn als Erwachsener so behandelt werden? Im weiteren Verlauf liefere ich noch eine Übersicht zu den „Okay-Positionen".

In Seminaren, Workshops oder Trainings erlebe ich es immer wieder, dass Verkäufer mich fragen: „Was kann ich sagen oder antworten, wenn der Kunde dies oder das sagt?"

Diese Fragen sind ein Ergebnis davon, dass die Verkäufer festgestellt haben, dass ihre Behandlungsmethode nicht den gewünschten Effekt hatte, dass die angewandten Mittel nicht wie gewünscht gewirkt haben. Würde ich ihnen jetzt noch weitere Aussagen und Antworten zur Verfügung stellen, würde das überhaupt nichts bewirken, und schon gar nichts ändern. Es ist wichtig, dies zu erkennen. Es wäre nach dem Motto „mehr vom Gleichen" gehandelt. Und damit ändert man gar nichts.

Ob der Verkäufer 10 oder 15 Einwand- bzw. Vorwandbehandlungsaussagen zur Verfügung hat, ist letztlich unerheblich. Es ist immer dasselbe. Käse bleibt Käse, ob 100 Gramm oder ob 150 Gramm.

Was ist eine Alternative? Eine Alternative beginnt im Kopf.

Die Schlüsselfragen können heißen:

Was habe ich gesagt oder getan?

Womit habe ich gereizt oder gesendet, dass der Kunde so **reagieren** kann?

Die Erkenntnis muss lauten: **Ich als Verkäufer habe agiert, und der Kunde reagiert!**

Will ich diese Reaktion verändern, muss ich was anderes liefern, damit diese Reaktion bzw. Reaktionen vom Kunden nicht möglich oder zumindest unwahrscheinlich sind.

Was kann ich weiterhin tun? Wie kann ich mich in diesen Situationen verhalten, wenn es denn schon mal so ist?

In jedem Fall sollten Sie kooperativ bleiben, das bedeutet:

aktiv zuhören	statt diskutieren
nachfragen	statt argumentieren
paraphrasieren	statt attackieren
klären	statt belehren

Es gibt selbstverständlich keine Garantien, aber es gibt Möglichkeiten und Alternativen. Probieren Sie es aus.

Abrunden

Die Phasen Abarbeiten und Abrunden gehen sanft ineinander über. Es ist geklärt und entschieden, wie die Lösung bzw. Lösungen oder wie die Teillösung jetzt oder später aussehen soll. Alle Informationen, die notwendig sind, um eine Entscheidung treffen zu können, sind ausgetauscht worden. Jetzt wird sortiert und geordnet. Es werden Maßnahmen geplant usw. Eine einfache, aber hilfreiche Struktur der Zusammenfassung lautet wie folgt:

1. Was hatten wir vor? Was war unser Ziel?

2. Was haben wir davon erreicht? Wie ist der Stand?

3. Was ist, von wem auch immer, neu hinzu gekommen?

4. Wie geht es jetzt konkret weiter? Wie lautet der Maßnahmenplan?

5. Ergebnisprotokoll skizzieren.

Weiterhin ist es denkbar, sich gegenseitig zur Vorgehensweise oder zum Verlauf ein Feedback zu geben und zu klären, wie es beim nächsten Termin ablaufen sollte. Reflektieren kann man zu den Themen, Inhalten, zu den Methoden oder Modellen, die zur Bearbeitung herangezogen wurden, zum gesamten Prozess und auch zur Art und Weise (Beziehungsebene), wie man die gemeinsame Bearbeitung empfunden und erlebt hat. Vor dem Feedback kann es nützlich sein, je nach dem, was das Bauchgefühl einem sagt, das Ergebnis „wasserdicht" zu machen, also die „After-Sales-Phase" zu gestalten.

 After-Sales-Phase gestalten

Wozu?

Der Kunde hat innerlich einen Prozess durchlaufen, der aus Denken, Fühlen und Handeln besteht. Wir wissen nicht, was er gedacht hat. Wir wissen nicht, was er gefühlt hat. Wir haben nur die Entscheidung aus beiden an der Handlung (der Unterschrift) erkennen können und gesehen.

Gefühle sind Steuerungsprozesse unseres Lebens. Sie stimulieren Denken und Verhalten und sind gleichzeitig Reaktion auf beides. Gefühle sind von unterschiedlichen, oft gegensätzlichen Empfindungen wie Erregung/Beruhigung oder Lust/Unlust begleitet. Die Empfindung ist ein subjektives inneres Erleben, das durch die Emotionen, die Gefühlsbewegungen nach außen gebracht und sichtbar wird. Der Ausdruck eines Gefühls zeigt Lebensenergie, aus der dann eine Aktivität folgt, aber nicht nur in Form von Arbeit, sondern auch von Genuss in jeglicher Form.

Werden Gefühle nicht nach außen gebracht, bindet dies Energie!

Welche Art der Emotion, welches Gefühl in welcher Intention hatte wohl der Kunde, als er die Entscheidung traf zuzustimmen und zu unterschreiben? Oder anders gefragt: Welche Gefühle sind günstig, damit beim Kunden ab jetzt keine Kaufreue entsteht?

Wir unterscheiden folgende

Arten von Gefühlen.

Grundgefühle wie Freude, Trauer, Angst, Wut und Zuneigung. Ausdruck und angemessene Antwort bewirken Befriedigung und Beruhigung.

Die sozialen Gefühle wie Gelassenheit, Vertrauen, Scham und Schuld gehören auch zu den originären gelernten Gefühlen.

Die komplexen Gefühle wie Liebe, Geborgenheit, Ohnmacht, Enttäuschung und Hoffnung bestehen ebenfalls aus der Ebene der Grundgefühle, reflektieren andererseits noch aus anderen Ebenen, die hier jetzt nicht weiter erläutert werden.

Wir könnten also den Kunden dahingehend unterstützen, dass das „gute Gefühl" beibehalten wird, auch wenn jemand anders versucht, es ihm wieder auszureden.

Wie?

Zwei Möglichkeiten seien hier genannt:

a.   Im Verkaufs-/Beratungsgespräch

Sie können nach der Entscheidung des Kunden folgende Fragen mit seiner Zustimmung stellen:

–   Wer könnte Ihnen diese Entscheidung ausreden wollen?
–   Wen müssen/wollen Sie von Ihrer Entscheidung informieren?
–   Wen müssen/wollen Sie von Ihrer Entscheidung überzeugen?
–   Wer muss Ihre Entscheidung, wie auch immer, mittragen?
–   Auf wen oder was hat Ihre Entscheidung mittelbar oder unmittelbar Einfluss oder Auswirkungen?

b.   Nach dem Verkaufs-/Beratungsgespräch

Empfehlenswert ist eine persönliche oder telefonische Kontaktaufnahme etwa zwei bis drei Tage nach dem Verkaufsgespräch, um folgende Fragen stellen zu können:

–   Wem haben Sie von meiner Beratung erzählt/berichtet?
–   Wer hat Sie auf unser Gespräch angesprochen?
–   Welche Fragen hat diese dritte Person gehabt/geäußert?
–   Wurden Äußerungen von Dritten zum Thema formuliert, wenn ja: Welche?
–   Welche Fragen sind bei Ihnen dadurch entstanden?
–   Wen sollte ich Ihrer Meinung nach für ein Gespräch kontaktieren?

Abschließen

Abschließen bedeutet, gemeinsam die Zukunft besprechen.

Zum sinnvollen Gestalten dieser Phase ist das „BOA-Prinzip" ein nützliches Instrument.

Schlusskontakt

Genau so wichtig wie die Kontaktphase zu Beginn ist die letzte Phase im Gespräch. Die erste und die letzte Phase in einem Gespräch bilden quasi die Klammer, die alles zusammen hält. Sie bilden den Rahmen, in dem sich alles andere abspielt. Diese Phase gilt es genau so wie die Kontaktphase zu planen und inhaltlich zu gestalten.

Es geht um wesentlich mehr als nur um die üblichen ritualisierten Verabschiedungszeremonien. „Schlusskontakt" bedeutet, nun den entstandenen Kontakt zu sichern, nicht abreißen zu lassen, sondern weiter zu pflegen, auszubauen und für die Zukunft zu sichern. Das bis hierhin entwickelte Vertrauen gilt es zu binden. Daraus ergeben sich zwangsläufig die Themen und Inhalte, die im Schlusskontakt besprochen werden.

Im folgenden Kapitel können Sie mit Hilfe der Parameter Effektivität und Effizienz Ihr TUN überprüfen, beurteilen und entscheiden, was Sie beibehalten und was Sie verändern wollen.

Nachbereitung und Auswertung

Selbstmanagement im Verkauf

Die Begriffe lauten:

▎▎ Effektivität und Effizienz

Die richtigen Dinge tun = **Effektivität**

Die Dinge richtig tun = **Effizienz**

1. **Regel:** Effektivität vor Effizienz

   Ihr Ziel: Effektivität und Effizienz

2. **Regel:** Aktion statt Reaktion

   Ihr Ziel: Sich nicht von außen in Bedrängnis bringen lassen, selbst aktiv werden – proaktiv, nicht reaktiv sein

Wie kann ich mein TUN in den Griff bekommen?

1. Analyse meine (Arbeits-) Verhaltens (Ist-Zustand)
2. Definition meiner Ziele (Soll-Zustand)
3. Definition meiner Prioritäten (Ranking)
4. Definition der Handlungen/Aufgaben/Aktionen
5. Definition des Zeitbedarfs und der Termine
6. Handlungen durchführen und umsetzen
7. Kontrolle der Ergebnisse

1. Analyse eines (Arbeits-) Verhaltens (Ist-Zustand)

■ Wie ist meine Vorbereitung auf das Verkaufsgespräch?

- – inhaltlich
- – organisatorisch
- – persönlich

■ Was sind das für Termine?

- – Erstbesuche
- – Beratungsgespräche
- – Problemlösungen
- – Betreuungsbesuche

■ Wie führe ich die Gespräche durch?

- – Gesprächsphasen
- – Gesprächsinhalte
- – Gesprächsergebnisse
- – Gesprächsdauer
- – Kommunikationsstil

■ Wie arbeite ich die Gespräche nach?

- – Protokoll
- – weitere Vorgehensweise

2. Definition meiner Ziele

■ Was muss ich in meiner Vorbereitung verändern zur Optimierung von ....?

Wie könnte ich mein bisheriges Vorgehen professioneller gestalten?

Wie lautet diesbezüglich meine konkretes Ziel?

■ Wie könnte ich mein Verkaufsgespräch ergebnisorientierter und zweckgerichteter führen?

Wie kommuniziere ich mit dem Kunden?

Worüber kommuniziere ich mit dem Kunden?

■ Was werde ich in Bezug auf mein Gespräch verändern wollen?

Wie lauten meine Ziele in welchem Bereich dazu?

■ Woran erkenne ich, dass ich meine Ziele erreicht habe?

Woran würde ein Außenstehender erkennen, dass ich meine Ziele erreicht habe?

■ Womit werde ich mich für das Erreichen meiner Ziel belohnen?

3. Definitionen meiner Prioritäten (Ranking)

■ Was ist wichtig? Was ist dringend? Was ist wichtig und dringend? Was ist weder wichtig noch dringend?

■ Mit welchen Vorhaben und Zielen erreiche ich wahrscheinlich am ehesten die gewünschten Ergebnisse?

4. Definition der Handlungen/Aufgaben/Aktionen

■ Wie sieht die konkrete Umsetzung aus?

■ Wer macht was womit, mit wem, wieso und warum?

5. Definition des Zeitbedarfs und der Termine

■ Wie viel Zeit kann/muss/darf/will ich für die einzelnen Handlungen aufbringen?

■ Bis wann will/muss ich es getan haben?

■ Mit welchen Auswirkungen muss ich rechnen, wenn ..... nicht?

6. Handlungen durchführen und umsetzen

Die Aktivitäten in A-, B-, C- und D-Aufgaben einteilen und entsprechend nach den Regeln von Zeitmanagement in ein Ziel- und Zeitplansystem eingeben und umsetzen.

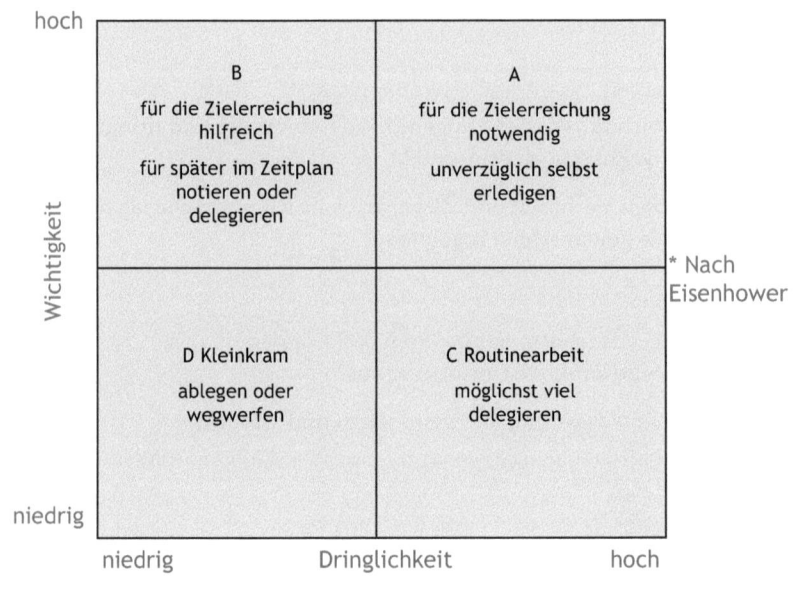

* Nach Eisenhower

7. Kontrolle der Ergebnisse

■ Was hatte ich vor?

■ Was habe ich davon erreicht?

■ Wo gibt es Hindernisse/Schwierigkeiten?

■ Wie habe ich diese gelöst?

■ Welche Hindernisse/Schwierigkeiten bestehen heute noch?

■ Wo benötige ich Hilfe?

■ Wie ist meine weitere Vorgehensweise?

■ Womit werde ich mich für das geleistete belohnen?

Damit vieles von dem, was Sie sich vornehmen wollen, auch wirklich umgesetzt werden kann, ist es wichtig zu wissen, ob die Rolle Verkäufer zu Ihnen passt, ob die Rolle mit Ihren Werten, mit Ihren Überzeugungen und Ihrem Glaubenssystem im Einklang steht.

So helfe ich mir selbst

Vom Wunsch zum Ziel

Erlauben Sie sich zu wünschen, erlauben Sie sich zu träumen, erlauben Sie sich zu fantasieren. Stellen Sie Hypothesen auf.

Nur bleiben Sie dort nicht hängen, wenn der Wunsch Realität werden soll, dann müssen Sie daraus Ziele ableiten und formulieren können. Ein Ziel ist im Gegensatz zum Wunsch ein sehr konkretes, klares Bild von dem, was Sie anstreben. Je klarer Sie sehen, umso besser fließt die Energie in die gewünschte Richtung und desto motivierter sind Sie.

Wenn Sie es schaffen, wie ein Sportler Ihre Ziele als klare Zielbilder zu sehen, hat das Auswirkungen auf Ihren Hormonhaushalt im Körper. Sie werden sozusagen unterstützt. Sie bzw. Ihr Organismus wird Ihnen helfen, Ihr Streben ist auf dieses Ziel gerichtet.

Der gezielte Einsatz von Energie ist mit der Klarheit unserer inneren Bilder gekoppelt. Entsprechend müssen Sie die Aspekte und Merkmale von Zielen bei der Planung berücksichtigen und überprüfen.

Hier seien noch einmal die Merkmale eines Zieles genannt:

- ◼ Der Zielinhalt sagt aus, um **was** es genau geht, was Sie erreichen wollen.
- ◼ Das Zielausmaß sagt Ihnen, **wie viel** Sie davon konkret erreichen wollen.
- ◼ Die Zielzeit definiert die Aspekte Zeitpunkt und Zeitraum, also entweder oder. Es geht manchmal mit sowohl als auch; in welcher Zeit **bis wann**.

Ziele sollen motivierende Ziele sein:

Ein wesentlicher Faktor bei der Planung motivierender Ziele ist, dass die Ziele als realistisch und als realisierbar eingestuft und erlebt werden. Hinzu kommt, dass ein Ziel immer einen Reiz beinhalten sollte. Es muss also reizen und begeistern, sonst passiert wenig bis nichts.

Weiterhin müssen Ziele von Ihnen selbst beeinflussbar sein. Eine Formulierung wie: „Der Partner soll sich mir gegenüber so und so verhalten", ist kein beeinflussbares Ziel, sondern nur ein frommer Wunsch.

Wichtig ist auch der Aspekt der positiven Formulierung. Unser Gehirn und Unterbewusstsein kann ein „NICHT" nicht verstehen und verarbeiten.

Beispiel: Stellen Sie sich bitte nicht den Eiffelturm vor. Man muss sich erst den Eiffelturm vorstellen, um ihn sich dann nicht vorstellen zu können. Oder: Denken Sie nicht an einen Elefanten, an keinen Elefanten mit einer großen rosa Schleife um den Rüssel – alles klar geworden, oder? Eltern, die ihrem Kind sagen: „Fass nicht auf die Herdplatte", brauchen sich nicht zu wundern, wenn das Kind es dann tut, denn es kommt im Kopf des Kindes an: „Fass auf die Herdplatte".

Noch etwas vorneweg zu dem folgenden Modell der logischen Ebenen nach Robert Dilts. Er hat Mitte der 80er Jahre dieses Modell im Rahmen von NLP entworfen. Es ist ein Modell, das helfen soll, sich und seine Umwelt von unterschiedlichen

Standpunkten aus zu betrachten. Gleichzeitig soll es eine Hilfestellung bieten, wenn es darum geht, zu analysieren, auf welcher Ebene angesetzt werden muss, um eine Veränderung oder Entwicklung zu bewerkstelligen. Dieses Modell wird oft als Pyramide dargestellt.

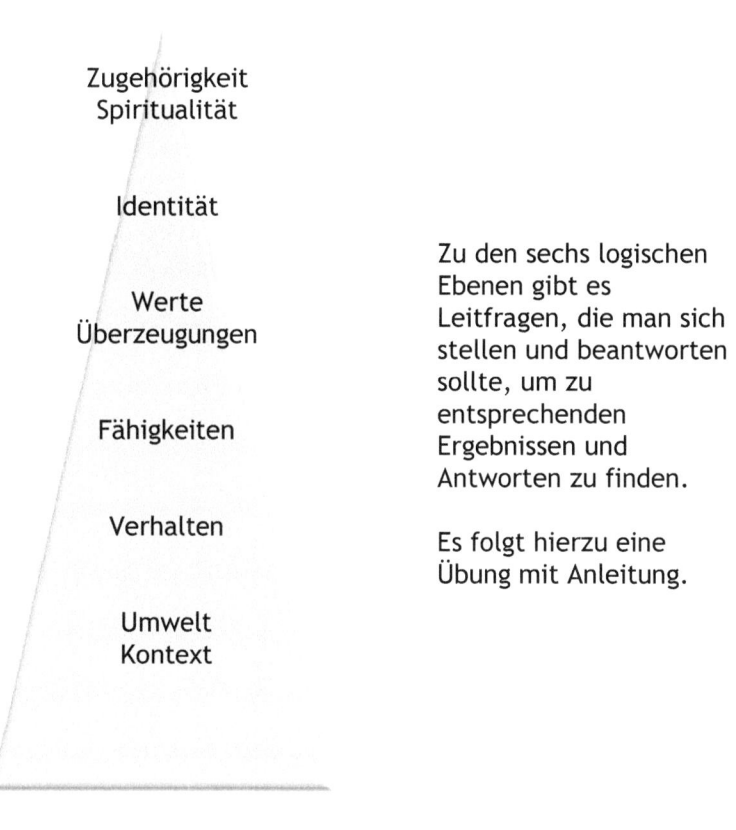

Zugehörigkeit
Spiritualität

Identität

Werte
Überzeugungen

Fähigkeiten

Verhalten

Umwelt
Kontext

Zu den sechs logischen Ebenen gibt es Leitfragen, die man sich stellen und beantworten sollte, um zu entsprechenden Ergebnissen und Antworten zu finden.

Es folgt hierzu eine Übung mit Anleitung.

Quelle: Logische Ebenen; Dilts-Pyramide

Wir steuern unsere Antriebskräfte nicht nur durch Worte und Bilder, sondern ebenso durch unsere Emotionen/Gefühle. Die Auslöser von Freude, Furcht, Angst und Trauer sind wiederum unsere Gedanken. Die Gefühle und die Hormone steuern letztlich unsere Verhaltensweisen. Was wir aber bewusst beeinflussen können sind, unsere Gedanken mit unserer Vorstellungskraft.

Diese Fähigkeit müssen wir nutzen!

> Woher weiß ich, dass ich wirklich Verkäufer sein will?
>
> Woher weiß ich, dass es mein Ziel ist, dass es mit meinem Innersten im Einklang steht?

Wenn Sie eine Antwort auf diese und ähnliche Fragen haben wollen, lade ich Sie ein folgende Übung zu machen.

Vorbereitung:
Beschriften Sie sechs Blätter oder Karten DIN A 4 oder DIN A 5, nicht kleiner, mit folgenden Begriffen so, dass Sie, wenn die Blätter auf dem Boden liegen, die Begriffe gut lesen können.

Mission

Identität

Werte/Glaube

Fähigkeiten

Verhalten

Umwelt *ein Schritt entfernt*

Legen Sie die Blätter oder Karten so auf den Boden, dass Sie mit einem normalen Schritt die nächste Karten betreten bzw. erreichen können. Nun sorgen Sie noch dafür, dass Sie die nächste halbe Stunde nicht gestört werden.

Es geht los:
Stellen Sie sich auf den Platz „**UMWELT**", schließen die Augen und fragen sich: Wo und wann möchte ich dieses Ziel erreicht haben? Was wird sich in meiner Umwelt zeigen? Wo befinde ich mich dann? Wie werde ich es mit allen Sinnen wahrnehmen, dass ich dieses Ziel erreicht habe?

Gehen Sie nun, wenn Sie eine Vorstellung bzw. Antwort erhalten haben, weiter auf den Platz „**VERHALTEN**" und beantworten sich folgende Fragen: Was möchte ich tun? Was mache ich dann da, wenn ich mein Ziel erreicht habe und mich im richtigen Umfeld befinde? Welche Aktionen, Aktivitäten erkennen ich?

Stellen Sie sich auf den Platz „**FÄHIGKEITEN**" und beantworten sich die Frage: Auf welche Art und Weise werde ich die Aktivitäten ausüben? Es geht also um das Wie. Welche Fähigkeiten habe ich oder brauche ich, um diese Aktion und Handlung zu diesem Zeitpunkt und in diesem Umfeld auszuführen?

Gehen Sie nun zum Platz „**GLAUBE/WERTE**" und fragen sich: Warum, weshalb möchte ich jene spezielle Fähigkeit anwenden, um diese Tätigkeit zu vollbringen? Welche Werte sind für mich wichtig, wenn ich mit diesen Tätigkeiten beschäftigt bin? Welche Überzeugung habe ich dann, wenn ich mich bei der Ausübung dessen wohl fühle?

Stellen Sie sich auf den Platz „**IDENTITÄT**" und beantworten folgende Frage: Wer bin ich? In welcher Rolle bin ich, wenn ich auf diese Art und Weise dies und das tue in dieser Umgebung? kann ich mich damit identifizieren? Bin ich das wirklich?

Gehen Sie jetzt weiter zum Platz „**MISSION**" und fragen Sie sich: An welcher Vision habe ich teil? Was ist der übergeordnete Sinn für mich an dieser Aufgabe? Welches Bedürfnis befriedige ich? Was ist mein Motiv/Beweggrund?

Prägen Sie sich jetzt diesen inneren Zustand auf dem Platz „**MISSION**" genau ein; wie Sie atmen, wie Sie da stehen, wie Sie sich jetzt bewegen, um diese Vision zu erleben.

Sie sind Ihr eigener Beobachter. Hören Sie sich zu. Was denken Sie jetzt? Wer spricht da? Sind Sie das oder jemand anders? Erleben Sie Ihre Emotionen/Gefühle. Wie geht es Ihnen mit Ihrem Vorhaben? Lächeln Sie sich zu, zumindest innerlich, und freuen Sie sich über Ihre Fähigkeit und Entschlossenheit, diese Schritte hier gedanklich durchlaufen zu haben, denn das war eine Leistung für Ihr Gehirn.

Deshalb gönnen Sie Ihrem Gehirn jetzt eine Pause, um mit dem, was es geleistet hat, zurechtzukommen. Lernen Sie, mal „nix tun", auch nicht denken, also keinen Gedanken bewusst festhalten und bearbeiten.

Zum Schluss: Optimal ist die Übung für Sie, wenn Ihnen jemand die Fragen vorlesen kann. Sie brauchen ja nicht laut zu antworten. Sie brauchen nur ein Zeichen zu vereinbaren, mit dem Sie signalisieren, dass Sie eine Antwort gefunden haben.

Mit dieser Übung konnten Sie überprüfen, ob Ihnen die Rolle, in der Sie sich befinden oder begeben wollen, gewogen ist und Ihrem Naturell entspricht sowie mit Ihrem Gewissen vereinbar ist.

Mein Tipp: Denken Sie mit Ihrem Verstand, aber hören Sie auf Ihren Bauch. Er weiß, was gut für Sie ist. Vielleicht belohnen Sie sich jetzt mal mit einer Sache, die Sie immer schon mal hatten oder machen wollten. Viel Spaß dabei!

Fazit: Gehen Sie gut mit sich um, dann können Sie auch mit anderen gut umgehen.

Eine weitere Übung wird Ihnen zeigen und behilflich sein, wie Sie zu Ihren eigenen selbst gewählten, selbst gewünschten Zielen finden können.

Mit Phantasie zu konkreten Zielen kommen!

Walt Disney hat ein einfaches und verblüffendes Modell besessen, um seine intrinsischen Ziele zuerst in der Phantasie und danach in der Realität Wirklichkeit werden zu lassen, die sogenannte **Walt-Disney-Methode.**

Die Genialität zeichnet sich dadurch aus, dass er in der Lage war, eine Sache von mehreren unterschiedlichen Positionen aus zu betrachten. Dazu ist es notwendig, sich in drei verschiedene Rollen versetzen zu können. Phantasie, Vorstellungsvermögen und Kreativität sind hilfreich und nützlich, um in diesem Prozess zu Ergebnissen zu kommen. Weiterhin wirkt es sich positiv auf den Prozess aus, wenn Sie diese drei Rollen an unterschiedlichen Orten einnehmen. Die erste Rolle ist der **Träumer**, die zweite Rolle ist der **Realist** und die dritte Rolle ist der **Kritiker**.

Probieren Sie es aus, entweder allein oder mit Ihrem Gesprächspartner. Es folgt nun eine Anleitung zur Übung.

*Quelle: Robert B. Dilts

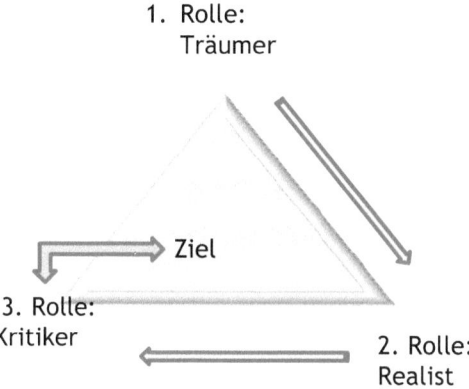

1. Rolle:
Träumer

Ziel

3. Rolle:
Kritiker

2. Rolle:
Realist

Übung: „Disney-Strategie"

Begeben Sie sich an einen Ort Ihrer Wahl, an dem Sie sich erlauben können zu träumen, zu phantasieren, zu spinnen.

Rolle: der Träumer

Nutzen Sie die Methode Brainstorming und träumen über das, was Sie vorhaben, mit allen Sinnen. Was gibt es zu sehen? Was gibt es zu hören? Wie fühlt sich das an? Riechen oder schmecken Sie etwas? Schreiben Sie alles auf, halten Sie alles fest (etwa mit Papier, Diktafon oder malen Sie Bilder), **werten Sie nicht**. Seien Sie innovativ, kreativ und auch paradox. Denken Sie nur in die Zukunft. Lassen Sie sich Zeit. Vielleicht müssen Sie auch mehrmals oder öfter mit diesem Thema in diese Rolle gehen.

Rolle: der Realist

Um die Wahrnehmung nun zu verändern, begeben Sie sich an einen anderen Ort und innerlich in eine andere Position, nämlich in die Rolle eines Realisten. Hier fragen Sie sich anhand Ihrer Aufzeichnungen: Was von den Träumen und Phantasien wird von Ihnen in Bezug zu Ihren Zielen oder Vorhaben heute als realistisch bzw. realisierbar eingestuft?

Fragen Sie sich: Was würde ein fremder, externer Berater dazu sagen, oder was würden sie einem Dritten dazu sagen?

Beachten Sie die gegebenen Fakten und vorhandenen Rahmenbedingungen. Überlegen Sie: Wo können Sie Einfluss nehmen und wo nicht? Wen aber könnten Sie dafür um Hilfe bitten?

Bitte sammeln Sie auch hierzu alle Ergebnisse und halten Sie diese schriftlich, am besten in Bildern und Texten fest.

Rolle: der Kritiker

Wenn Sie selbstkritisch und analytisch sein können, begeben Sie sich in die dritte Rolle. Wenn diese Haltung nicht so Ihr Ding ist, dann können Sie ja eine andere Person bitten, für Sie diesen Part zu übernehmen. Oder Sie führen mit dieser Person ein Gespräch, wobei der Gesprächspartner aber eher der Kosten-Nutzen-Denker ist, also auch auf die Risiken hinweist. Auch betriebswirtschaftliche Kenntnisse können hier von Vorteil sein. Also betrachten und beleuchten Sie die Ergebnisse des Realisten aus dieser inneren Haltung heraus.

Dieses nun vorhandene Ergebnis aus diesem Prozess tragen Sie in die Mitte des Dreiecks ein und formulieren Sie dieses als Ziel. Anschließend arbeiten Sie einen Maßnahmenplan zur Umsetzung aus und lassen nur noch Taten sprechen.

Ich wünsche Ihnen viel Erfolg damit, nach dem Sprichwort:

Versuch macht klug!

Zum Schluss

In meiner Arbeit als Trainer und Seminarleiter habe ich immer wieder von Teilnehmern folgende Aussagen gehört:

> *Das haben wir bei Herrn/Frau ... aber ganz anders gelernt,*

oder: *Herr/Frau .... haben das aber so und so erzählt.*

Das ist ganz normal! Jeder sieht es so, wie er es sehen kann und will, nämlich mit seinen Augen, und durch seine Brille. Und dieser Blick darauf, diese Betrachtungsweise ist individuell, denn er ist geprägt durch die innere Grundhaltung, beeinflusst vom Rollenverständnis bzw. der Identifikation mit der Rolle und den Aufgaben. Ebenso subjektiv sind die Modelle, die Theorien, mit denen Menschen Themen bzw. Probleme bearbeiten. Eine Person, die rational, technisch, sachlich orientiert ist, wird eine andere Antwort geben als eine menschen- und beziehungsorientierte Person.

Genauso erhalten Sie auf die gleiche Frage unterschiedliche Antworten, wenn Sie jemanden bitten, aus Sicht eines Transaktionsanalytikers, dann aus Sicht eines Psychologen, dann aus Sicht eines Biologen, dann aus Sicht eines Gehirnforschers, dann aus Sicht eines NLPlers zu antworten.

Fragen und denken Sie bitte nicht in Schubladen wie:

> *Was ist richtig, was ist falsch?*

> *In Kategorien entweder – oder?*

Diese mechanistische Denkweise funktioniert nur dann, wenn es sich um Dinge oder Sachen handelt, aber überhaupt nicht im Umgang mit Menschen.

Lernen Sie zu Denken wie ein Berater, nämlich in Alternativen und in Möglichkeiten,

> *in sowohl – als auch!*

Viele Menschen haben ein Problem, wenn sie sich zwischen zwei oder mehreren Dingen entscheiden müssen. Denn sie wissen genau: „Wenn ich mich für etwas entscheide, dann entscheide ich gleichzeitig auch gegen etwas, und das wollte ich doch nicht. Also: Sag Du mir doch, was richtig oder falsch ist, dann brauche ich für mein Tun und Handeln keine Selbst-Verantwortung zu übernehmen."

Entwickeln Sie Ihr Selbstvertrauen und übernehmen Sie Verantwortung für Ihr Denken, für Ihre Gefühle und für Ihr Handeln. Dadurch erlangen Sie Selbstsicherheit.

Literatur

ALLEN, DAVID/REUTER, HELMUT (2009): Wie ich die Dinge geregelt kriege, München, Piper.

ANTONOVSKY, ARON (1997): Salutogenese. Zur Entmystifizierung der Gesundheit, Tübingen, dgvt-Verlag.

BAUER, KENT (2005): KPI Identification With Fishbone Enlightenment. In DM Review, März 2005.

COVEY, STEPHEN R. (2009): 7 Wege zur Effektivität, Gabal, Offenbach.

DILTS, ROBERT B. (2006): Identität, Glaubenssysteme und Gesundheit, 5. Auflage, Junfermann Verlag, Paderborn.

DILTS, ROBERT B. (2006): Die Veränderung von Glaubenssystemen, Junfermann Verlag, Paderborn.

DILTS, ROBERT B. (1995): Strategius of Genius, Meta Publications, California/USA.

DILTS, ROBERT B./EPSTEIN, TODD/DILTS, ROBERT W. (1994): Know-how für Träumer, Strategien der Kreativität, Junfermann Verlag, Paderborn.

FISHER, ROGER/URY, WILLIAM/PATTON, BRUCE (2009): Das Harvard Konzept, München, Campus Verlag.

MADERTHANER, WOLFGANG (1987): Der Kundenmanager: Das Erfolgsrezept im Verdrängungswettbewerb, Wiesbaden, Gabler 1991.

O'CONNOR, JOSEPH/SEYMOUR, JOHN (2010): Neurolinguistisches Programmieren: Gelungene Kommunikation und persönliche Entfaltung, 20. Auflage, VAK-Verlag, Kirchzarten.

Stichwortverzeichnis

Der Autor

vor 1980	gelernter Bankkaufmann, Berater in Wertpapieren und tätig als Effektenverkäufer
ab 1980	Versicherungsfachmann, Berater in mittelständischen Unternehmen, tätig als Verkäufer im Außendienst im Privatkunden- und Firmengeschäft, ebenso als Lernpate bei der Einarbeitung neuer Mitarbeiter on the Job aktiv
ab 1986	Ausbildungsleiter und Bildungsmanager in einem süddeutschen Versicherungskonzern, Beratung von Außendienstmitarbeitern und deren Führungskräfte, Konzeption und Durchführung von Seminaren und Trainings
ab 1993	Personalentwickler und Seminarleiter für Führungskräfte im Außendienst/Vertrieb, Durchführung von Einzel- und Gruppencoaching, Durchführung von Seminaren der DIHK zur Ausbildung zum Versicherungsfachmann und Versicherungsfachwirt, Prüfertätigkeit an der IHK
ab 2005	Verkaufstrainer im Beratungsverkauf für angestellte Mitarbeiter, Generalagenten, Mehrfachgeneralagenten und Makler, Beratung und Konzeptionserstellung im Vertrieb
	Ausbildungen unter anderen in den Bereichen NLP, Transaktionsanalyse, Trainerausbildung, Ausbildung als Systemischer Berater, Coach, Seminarleiter, Kinesiologe
ab 2012	tätig als freiberuflicher Berater, Trainer, Seminarleiter

Gute Recherche, erfolgreiche Praxisbeispiele und spannende Zukunftsvisionen

Das Internet revolutioniert die Finanzbranche. Es ermöglicht digitale Geschäftsprozesse. Diese verändern Marketing, Vertrieb und Kommunikation ganz massiv. Die Autoren haben mit Wissenschaftlern, Praktikern und Beratern viele Erfolgsbeispiele zusammengestellt. Mit diesem Leitfaden können Finanzdienstleister ihren Internet-Einsatz optimieren.

Stefan Raake / Claudia Hilker
Web 2.0 in der Finanzbranche
Die neue Macht des Kunden
2010. 210 S. Geb. EUR 39,95
ISBN 978-3-8349-1889-5

So platzieren Sie Werbebotschaften effektiv in Ihrer Zielgruppe und schonen dabei Ihr Werbebudget

Unter den Schlagworten Web 2.0, Social Communities, Affiliate Marketing oder Podcasting entstanden in den letzten Jahren neue Instrumente für ein kreatives Marketing. Den im Finanzdienstleistungssektor vielfach noch zu beobachtenden Vorbehalten stellt Florian Schwarzbauer mit seinem Buch eine aufmunternde „Yes, we can"-Position gegenüber. Praxisnah zeigt er Einsatzmöglichkeiten moderner Marketinginstrumente, wie Viral Marketing, Buzz Marketing, Ambush Marketing oder Guerilla Marketing.

Florian Schwarzbauer
Modernes Marketing für das Bankgeschäft
Mit Kreativität und kleinem Budget zu mehr Verkaufserfolg
2009. 160 S. Geb. EUR 39,95
ISBN 978-3-8349-1654-9

So erreichen Banken zielgenau ihre Kunden im Privatkundengeschäft

Auf Basis von Forschungsarbeiten im „E-Finance Lab" im „House of Finance" der Goethe-Universität Frankfurt führen die Autoren in Thematik und Begriffe von Web 2.0 ein, fassen die technischen, gesellschaftlichen sowie ökonomischen Rahmenbedingungen zusammen und arbeiten die besonderen Herausforderungen für Finanzdienstleister heraus, die diese von anderen Branchen unterscheidet.

Christian M. Messerschmidt / Sven C. Berger / Bernd Skiera
Web 2.0 im Retail Banking
Einsatzmöglichkeiten, Praxisbeispiele und empirische Nutzeranalyse
2010. 180 S. Br. EUR 36,95
ISBN 978-3-8349-2409-4

Änderungen vorbehalten. Stand: Februar 2011.
Erhältlich im Buchhandel oder beim Verlag

Gabler Verlag . Abraham-Lincoln-Str. 46 . 65189 Wiesbaden . www.gabler.de

GABLER